Klaus Grimmer

Öffentliche Verwaltung in Deutschland

Grundlagen, Funktionen, Reformen.

Eine problemorientierte Einführung

VS VERLAG FÜR SOZIALWISSENSCHAFTEN

VS Verlag für Sozialwissenschaften
Entstanden mit Beginn des Jahres 2004 aus den beiden Häusern
Leske+Budrich und Westdeutscher Verlag.
Die breite Basis für sozialwissenschaftliches Publizieren

Bibliografische Information Der Deutschen Bibliothek
Die Deutsche Bibliothek verzeichnet diese Publikation in der Deutschen Nationalbibliografie; detaillierte bibliografische Daten sind im Internet über <http://dnb.ddb.de> abrufbar.

1. Auflage Dezember 2004

Der VS Verlag für Sozialwissenschaften ist ein Unternehmen von Springer Science+Business Media.
www.vs-verlag.de

Umschlaggestaltung: KünkelLopka Medienentwicklung, Heidelberg
Druck und buchbinderische Verarbeitung: Lengericher Handelsdruckerei, Lengerich
Gedruckt auf säurefreiem und chlorfrei gebleichtem Papier
Printed in Germany

ISBN 3-531-14510-X

Klaus Grimmer

Öffentliche Verwaltung in Deutschland

Inhalt

Vorwort

In dreißig Jahren Forschungsgruppe Verwaltungsautomation an der Universität Kassel lernten wir, dass öffentliche Verwaltungen aller Ebenen, insbesondere aber der Kommunalebene in ihren Leistungen und in ihren Verfahren viel besser sind, als ihr Ruf. Schwierigkeiten sind häufig in unklaren Vorgaben oder fehlendem Verständnis der Politik oder des Managements begründet.

In einer Sichtung der praktischen und wissenschaftlichen Erträge dieser dreißig Jahre und in Aufnahme und Auseinandersetzung mit dem Schrifttum wird hier eine problemorientierte Einführung in die politisch-gesellschaftliche Funktion öffentlicher Verwaltungen vorgelegt. Wir wollen damit sowohl einen Überblick über den Stand praktischer und wissenschaftlicher Entwicklungen geben als auch zu einer grundsätzlichen Diskussion anregen: Wofür sind öffentliche Verwaltungen notwendig?, und: Was für eine öffentliche Verwaltung brauchen wir, müssen wir uns leisten?

Im Vordergrund steht zunächst eine Analyse des gegenwärtigen Verwaltungssystems und seiner Leistungen, stehen die verfassungsrechtlichen Grundlagen und als relevant zu erachtende politisch-gesellschaftliche Anforderungen, um anschließend die Fragen des „Wofür“ und des „Wie“ öffentlicher Verwaltungen zu erörtern.

Die Schrift hat ihre Grundlage allgemein in Arbeiten der Forschungsgruppe Verwaltungsautomation und unmittelbar in einzelnen Vorarbeiten von Thomas Kneissler und Dilek Albayrak in dem Projekt „Kommunalverwaltungen in den neuen Ländern“ (ed. sigma 21, Berlin 2003).

Eine frühere Fassung des Textes haben Hanna Bielefeld-Hart und Hans Brinckmann gelesen und mit mir kritisch diskutiert. Ihnen, insbesondere Hans Brinckmann habe ich vielfältige Anregungen zu verdanken.

Heidi Sack hat wieder in stets freundlicher und umsichtiger Weise den Text und seine mehrfachen, arbeitsaufwendigen Änderungen und Ergänzungen in eine gehörige und hier nun vorgelegte Schriftform gebracht.

Ihnen allen sei ganz herzlich gedankt.

Kassel, Februar 2004 *Klaus Grimmer*

1. Einleitung

Öffentliche Verwaltungen stehen in der Diskussion. Gefragt wird, wofür wir öffentliche Verwaltungen brauchen, in welchem Umfang wir sie brauchen und ob es bestimmte Organisations- und Arbeitsformen gibt, welche Kennzeichen bestmöglicher öffentlicher Verwaltung sind.

Diese Fragen können auf unterschiedliche Weise bearbeitet werden.

Es kann geprüft werden, ob es bestimmte, allgemein verbindliche Setzungen für eine öffentliche Verwaltung gibt, z.B. des Grundgesetzes. Dabei wäre zu unterscheiden zwischen normativen Setzungen hinsichtlich der Einrichtung, der Aufgaben, der Organisation und der Verfahren.

Es kann von der politischen Praxis ausgegangen werden, der vorfindlichen Organisation und den tatsächlichen Leistungen öffentlicher Verwaltungen für das politische System. Dabei kann differenziert werden nach Zweckmäßigkeit und Nützlichkeit – wobei gleichzeitig unterstellt wird, dass das gegebene politische System zumindest hinsichtlich seiner administrativen Konstruktion dem Grunde nach erhaltenswert ist. Aber selbst wenn dies unterstellt wird, wäre zu prüfen, ob die von öffentlichen Verwaltungen wahrgenommenen Aufgaben und erbrachten Leistungen für das politische System nicht auch in anderer Weise bereitgestellt werden können.

Schließlich ist noch eine dritte Annäherung an das Thema möglich: Es wird nach einem möglichen Bedarf an Organisationen und Leistungen, wie sie öffentlichen Verwaltungen eigen sind, für das gesellschaftliche Leben und Überleben, für die Staatsbildung und -erhaltung gefragt. Diese Herangehensweise an die Thematik beinhaltet natürlich vielfältige Schwierigkeiten. Welcher gesellschaftliche Bedarf ist als solcher anzuerkennen, welche Staatsform, welche Staatsaufgaben sind zu entfalten und zu sichern?

Die folgenden Erörterungen gehen von den im politischen System der Bundesrepublik Deutschland vorfindlichen Funktionen, Leistungen und Organisationsformen öffentlicher Verwaltungen aus. Die Ergebnisse der Analyse werden einerseits konfrontiert mit verfassungsrechtlichen Gewährleistungen und Anforderungen hinsichtlich Aufgaben und Einrichtung öffentlicher Verwaltungen, wobei das besondere Interesse den Kommunalverwaltungen gilt. Andererseits wird zukunftsbezogen gefragt: Gibt es Kriterien für wahrzunehmende Aufgaben und bestmögliche Organisationsformen und -verfahren, wie sind diese zu bestimmen und wie können diese in Praxis gesetzt werden. Bei dieser Herangehensweise an die Thematik wird zunächst implizit davon ausgegangen, dass öffentliche Verwaltungen für das politische System funktionell wichtig sind – es sei denn, es finden sich widersprechende Normen oder politisch-gesellschaftliche Erfahrungen. Das Schwergewicht der Erörterungen liegt damit auf der Frage, was für eine öffentliche Verwaltung wir brauchen.

Vermieden wird so eine rein normativ gebundene Vorgehensweise, da diese zwar zu Aussagen über den verfassungsrechtlichen Status und die rechtliche Organisation von Verwaltungen und ihren Verfahren, auch über die ihnen damit zugedachte politisch-gesellschaftliche Funktion führt, aber wenig Aufschluss über ihre tatsächliche politisch-gesellschaftliche Relevanz ergibt. Andererseits bleibt eine Vorgehensweise, welche allein vom möglichen gesellschaftlichen Bedarf ausgeht, solange konturlos, wie es nicht gelingt, diesen in seiner Relevanz zu bestimmen und daraufhin die bestmögliche Verwaltung zu konstruieren. Sie setzt auch ein hinreichend gesichertes Wissen über zweckmäßige Organisationsformen und ihre Leistungsfähigkeit voraus.

Damit versuchen wir verschiedene Argumentationsebenen zu verbinden: jene der Funktion von Leistungen öffentlicher Verwaltungen im politischen System, jene der verfassungsrechtlichen Vorgaben für und Anforderungen an öffentliche Verwaltungen und jene einer konstruktiv-kritischen Erörterung möglicher zukünftiger Aufgaben und Gestaltungserfordernisse für öffentliche Verwaltungen. Wir verfolgen also sowohl einen normativen als auch einen empirisch-analytischen und einen konstruktiven Ansatz. Dies bedeutet, dass wir sowohl die Außenansicht öffentlicher Verwaltungen als auch die herrschende Binnensicht erfassen müssen, um Anforderungen und Gestaltungsmöglichkeiten zu erklären.

2. Funktion und Leistungen öffentlicher Verwaltungen im politischen System

2.1 Leistungen

Wird nach den Leistungen gefragt, welche öffentliche Verwaltungen[1] in und für das politische System erbringen, so können drei Bereiche unterschieden werden

- *Vollzug von Gesetzen und Verordnungen*
  Politische Entscheidungen mit Verbindlichkeit werden von öffentlichen Verwaltungen in Praxis gesetzt – dies gilt für Beschlüsse des Bundestages in gleicher Weise wie für solche der Länderparlamente, der Kommunen oder anderer öffentlich-rechtlicher Einrichtungen mit Selbstverwaltungskompetenz. In unserem Zusammenhang ist es dabei zunächst gleichgültig, ob es um Ordnungs- oder Leistungsvorschriften geht. Planungsaufgaben sind hier einzubeziehen, soweit es sich um verbindliche Pläne handelt, wie Bundesverkehrsstraßenpläne [2].
- *Wahrnehmung und Bearbeitung politisch relevanter Probleme*
  Es ist Aufgabe öffentlicher Verwaltungen, individuell-gesellschaftlichen Problemen nachzugehen, sie als staatlich relevant oder nicht zu diagnostizieren und in bearbeitungsfähige Maßnahmen umzusetzen. Begründet ist dies historisch in der ordnungsstaatlichen Funktion und faktischen Handlungsfähigkeit öffentlicher Verwaltungen und dem Zweckmäßigkeitsprinzip für staatliches Handeln[3], soweit nicht spezifische gesetzliche Regelungen greifen wie im Polizeirecht. Eine Veranlassung zur Problemwahrnehmung kann – wie gesagt – aufgrund ausdrucklicher politisch-parlamentarischer Vorgaben (z.B. Generalklauseln in Gesetzen) erfolgen.

---

1 Allgemein zum Begriff und zur Vielgestaltigkeit öffentlicher Verwaltungen Hartmut Maurer, Allgemeines Verwaltungsrecht, 13. Aufl., München 2000, S. 1ff.

2 Eberhard Schmidt-Aßmann unterscheidet als Verwaltungstypen die ordnende und die leistende Verwaltung, die lenkende Verwaltung und die vermittelnde Verwaltung, Eberhard Schmidt-Aßmann, Das allgemeine Verwaltungsrecht als Ordnungsidee, Berlin usw. 1998, S. 148ff.. Zum juristischen Begriff der Verwaltungsaufgabe Hans-Peter Bull, Wandel der Verwaltungsaufgaben, in: Klaus König (Hsg.): Deutsche Verwaltung an der Wende zum 21. Jahrhundert, Baden-Baden 2002, S. 77-96 (S. 80ff.).

3 Hans J. Wolff/Otto Bachof/Rolf Stober, Verwaltungsrecht, Bd. 1, 11. Aufl. München 1999, § 30, insbes. § 30 II 2c

Sie ist aber auch eine genuin eigene Aufgabe jeder Verwaltung aus ihrem verfassungsrechtlichen Status[4]. Wie ein Arbeits- und Sozialministerium ständig überprüfen muss – was nicht immer Folgen zu haben braucht –, ob bestimmte Maßnahmen der Arbeitsförderung noch problemadäquat sind oder ob mögliche andere Maßnahmen eher problemmildernd wirken können, ist es Aufgabe des entsprechenden Amtes einer Kommunalverwaltung zu prüfen, ob eine Geschwindigkeitsbegrenzung sinnvoll oder die Einrichtung eines Kinderspielplatzes zweckmäßig ist. Im allgemeinen ist Ergebnis dieses Prozesses der Problemwahrnehmung und -analyse die Übersetzung der Probleme in verwaltungsmäßig bearbeitungsfähige Maßnahmen. Parlamentarische Beschlussvorlagen, vor allem wenn die Problembearbeitung den Einsatz von Haushaltsmitteln erfordert, können die Folge sein, ebenso auch nur schlichtes Verwaltungshandeln, wenn hierfür bereits rechtliche Grundlagen bestehen [5].

– *Selbstgestaltung der Organisation*
  Als ihre Funktionsbedingung und soweit es keine anderen Vorgaben gibt, haben öffentliche Verwaltungen die Aufgabe ihrer Selbstorganisation im Rahmen rechtlicher und haushaltswirtschaftlicher Vorgaben und entsprechend dem Sachangemessenheits- und Zweckmäßigkeitsgebot[6]. Sie haben eine solche organisatorische Ausgestaltung zu entwickeln und zu realisieren, welche es ihnen in optimaler Weise ermöglicht, die jeweiligen gesetzlichen Vorgaben und sonstigen Aufgaben zu erfüllen, den Anforderungen der Politik zu entsprechen, ihre Leistungen adressatenbezogen zu erbringen, eine im Blick auf die Struktur der wahrzunehmenden Aufgaben und für die Beschäftigten der Verwaltung zweckmäßige Arbeitsorganisation zu schaffen, in der Wahrnehmung und Umsetzung ihrer Aufgaben möglichst sozialverträglich zu handeln und dies alles bei einem sparsamen Einsatz von Ressourcen. Die Gestaltung der Organisation ist um so mehr Eigenaufgabe der Verwaltungen, wie es sich um die Feinstruktur handelt. Die Grundstruktur unterliegt parlamentarischen Bindungen über Organisations-, Aufgaben-, oder Haushaltsgesetze, und sie ist Sache der politisch-parlamentarisch verantwortlichen Leitung einer Verwaltung und ihrer Organisationskompetenz.

Wenn wir uns die Betätigungsfelder öffentlicher Verwaltungen ansehen, so gibt es kein Politikfeld und kaum einen Sozialbereich, die nicht von öffentlichen Verwaltungen gestaltet, mitgestaltet oder durch sie zumindest betroffen sind. Die Palette reicht von Abfallwirtschaft über Bildung und Forschung, öffentliche Ordnung und Sicherheit, Sozialhilfe, Verteidigung und Verkehr bis

---

4 Hierzu näher unter 2.4.1.

5 Schuppert unterscheidet vor allem zwischen der Vollzugsfunktion und der Gestaltungsfunktion der Verwaltungen (Gunnar Folke Schuppert, Verwaltungswissenschaft, Baden-Baden 2000, S. 73ff.). Grundlegend Nikalas Luhmann mit seiner Funktionserklärung öffentlicher Verwaltungen als Herstellung verbindlicher Entscheidungen.

6 Hans J. Wolf, u.a., a.a.O., § 30 II

zu Zuwanderung. Uns ist keine Auflistung oder Zählung all der Aufgaben bekannt, welche öffentliche Verwaltungen direkt oder indirekt bearbeiten oder mitgestalten[7]. Auch in organisatorisch verbundenen Verwaltungsbereichen wie in einer Kommunalverwaltung ist meist nicht bekannt, welche Aufgaben alle wahrgenommen werden. Zwar erlauben Stellenpläne und Haushaltspläne Rückschlüsse, aber sie erfassen nur grob die Einzelbereiche. Soweit Verwaltungen im Rahmen ihrer Modernisierung Produktkataloge aufstellen – d.h. alle Aufgaben in ihrem Zusammenhang erfassen –, wird die Vielfalt von Einzelaufgaben und Tätigkeiten sowie deren Zusammenhang deutlich [8].

Eine historische Sicht auf die von öffentlichen Verwaltungen wahrgenommenen Probleme und erledigten Aufgaben zeigt, dass es weder eine vollständige Kontinuität in Qualität und Quantität der Probleme und Aufgaben gibt, noch dass von einer stetigen Erweiterung gesprochen werden kann. Im Grunde gibt es ein Wechselspiel und kaum etwas, das nicht schon einmal Sache öffentlicher Verwaltungen war. In den letzten Jahren kann allerdings von einer steten Zunahme der Verwaltungsaufgaben, insbesondere im Kommunalbereich, sei es der Menge oder der Intensität nach, gesprochen werden. Zu verweisen ist einerseits auf den Sozial- und Arbeitsbereich, zum anderen auf den Kultur- und Freizeitbereich im weitesten Sinne und schließlich auf die Entfaltung der Kommunität und Urbanität (Lokalität). Begründet ist dies einerseits darin, dass es bislang auf Grund der zur Geltung kommenden Interessen kaum zu einem Aufgabenabbau gekommen ist, zum anderen, dass die zunehmende Komplexität der Lebensverhältnisse und die abnehmenden Chancen für individuelle Gestaltungen nach kommunal organisierter Förderung und Hilfe verlangen.

Bezogen auf die Funktion öffentlicher Verwaltungen im politischen System empfiehlt es sich in einer ersten Differenzierung zu unterscheiden zwischen

- Problemen, deren Wahrnehmung Funktionsbedingung für das politische System, für den Staat ist
- und Aufgaben, deren Bearbeitung Ausdruck der Funktionswirksamkeit des politischen Systems ist[9] und welche Ergebnisse politisch-parlamentarischer Entscheidungen sind, also schlicht dem Willen parlamentarischer Mehrheiten entsprechen.

Im Wissen um die Notwendigkeit eines administrativen Apparates für die Bestandsfähigkeit des Staates ist die öffentliche Verwaltung im Grundgesetz als

---

7 Hierzu Dieter Grimm, Staatsaufgaben – eine Bilanz, in Dieter Grimm (Hsg.): Staatsaufgaben, Baden-Baden 1994, S. 771-785; Diana Zacharias, Die Entwicklung der kommunalen Aufgaben seit 1975, in: DÖV 2000, S. 56-63

8 Zu Aufgabenfeldern vergleiche auch Gunnar Folke Schuppert, a.a.O., S. 81ff.

9 Vgl. Edwin Czerwick, Bürokratie und Demokratie, Berlin 2001, S. 186ff., S. 286ff.

eigenständige Gestaltungsmacht[10] und als Gestaltungsmittel des Staates anerkannt[11], womit gleichzeitig ein bestimmtes Staatsverständnis zum Ausruck kommt.

Die Aufgaben, welche Ausdruck der Funktionswirksamkeit des Staates sind, sind unmittelbar oder mittelbar über die Wahl und Konstitution der Parlamente und der ihnen durch das Grundgesetz oder entsprechende Ordnungen wie Landesverfassungen oder Gemeindeordnungen zugewiesene Rechtsetzungskompetenz verfassungsrechtlich abgestützt. Damit ist gleichzeitig der Umfang möglicher staatlicher Aufgaben bezeichnet. Diese Beschreibung ist insofern „offen“, als für die Kommunen das Prinzip der kommunalen Allzuständigkeit gilt. Hier ergeben sich Begrenzungen nur aus entgegenstehenden höherrangigen rechtlichen Regelungen oder dem kommunalparlamentarischen Mehrheitserfordernis für Aufgabenbeschlüsse. Praktisch ergeben sie sich durch die Begrenztheit der verfügbaren Ressourcen.

2.1.1 Vielfalt von Aufgaben

Die kurz skizzierten Leistungs- und Funktionsbereiche öffentlicher Verwaltungen bestehen jeweils aus einer Vielzahl von einzelnen Aufgabenfeldern und Aufgaben, zwischen denen es einen stark oder weniger stark ausgeprägten Zusammenhang gibt[12].

Verwaltungsaufgaben haben immer einen Doppelcharakter: Sie haben einen mehr oder minder eindeutigen Adressatenbezug und sie haben darin eingebunden oder zusätzlich einen Systembezug: Erhaltung des politischen Systems und seiner Akzeptanz, Verbindung von Einzelinteressen und Gesamtinteressen.

Verwaltungsaufgaben erhalten ihre politische und gesellschaftliche Bedeutung aus ihrem Lebensweltbezug. Ordnungsmaßnahmen, Steuerungs- und andere Leistungen sowie Planungen betreffen die Ordnung eines Lebensweltausschnittes, Leistungen für einen und in einem Lebensfeldbereich. Solche Lebensfeldbereiche bilden Politikfelder, ihre Abgrenzung ergibt sich aus ihrem individuellen und sozialen Lebensweltbezug wie Gesundheit, Bildung, Alterssicherung, Arbeit. In diesem Lebensweltbezug ist es mitbegründet, dass die einzelne Verwaltungsaufgabe selten isoliert gesehen werden kann und die

---

10 Beispiel Innovationssteuerung, hierzu Wolfgang Hoffmann-Riem, Innovationssteuerung durch die Verwaltung, Rahmenbedingungen und Beispiele, in: Die Verwaltung, Bd. 33 (2000), H2, S. 155-182

11 Edwin Czerwick, a.a.O., S. 279ff.; näher hierzu unter 2.4.1

12 Schuppert spricht von der Multifunktionalität der Verwaltung und entwickelt eine aufgabenbezogene Typologie der Verwaltungsverantwortung, und zwar Vollzugsverantwortung, Entfaltungsverantwortung, Verantwortung für Programmverwirklichung und Initiativverantwortung (Gunnar Folke Schuppert, a.a.O., S. 79 f; hierzu auch Hans-Peter Bull, a.a.O., S. 82 f). Zu einzelnen Aufgabenfeldern Eberhard Schmidt-Aßmann, a.a.O., S. 105ff.

Wirkungen von Verwaltungshandeln zwar auf bestimmte Sachverhalte focussiert sind, aber im Ergebnis streuen.

Verwaltungsaufgaben können nach dem Politikfeld, also dem sozialen Kontext, in dem sie zu realisieren sind, unterschieden werden, beispielsweise Sozialaufgaben, Aufgaben der öffentlichen Sicherheit und Ordnung, Verkehrsaufgaben, Verteidigungsaufgaben, Bildungsaufgaben, Finanzaufgaben, Aufgaben der auswärtigen Politik und ähnliches[13]. Der soziale Kontext, in dem ein Aufgabentyp zu realisieren ist, bestimmt mit die möglichen Instrumente (Mittel), mit denen die Erfüllung spezifischer Verwaltungsfunktionen in der Wahrnehmung einer bestimmten Aufgabe erreicht werden kann, da diese Lebensweltkontexte ihrerseits eine je spezifische Struktur kennzeichnet. Die Erfüllung von Verwaltungsaufgaben ist als sinnhafte Gestaltungsakte an die konstitutiven Faktoren von Lebenswelt gebunden.

Verwaltungsaufgaben sind ihrer Typik nach bei aller Vielgestaltigkeit relativ konstant und limitiert. Diese Konstanz ist in einer Grundtypik von Lebensweltsachverhalten begründet (einerseits Herrschaftssicherung, andererseits individuelle und gesellschaftliche Interessen wie Sicherheit, Ordnung, Kultur, Bildung, Gesundheit, wirtschaftliches Wachstum, Informations- und Kommunikationstätigkeiten). Eine Veränderung oder Erweiterung der Aufgaben hängt mit einer Veränderung oder Erweiterung der Lebenswelt zusammen[14], z.B. mehr Mitsprache der Bürger bei der Bestimmung und Erledigung öffentlicher Aufgaben, mehr Bildung, mehr Umweltschutz, Probleme von Entwicklungsländern bearbeiten und anderes mehr. Aber auch die Informationstechnik ist hier zu erwähnen mit ihrer Fähigkeit, virtuelle Lebenswelten zu vermitteln. Veränderungen zeigen sich vor allem in der Art und Weise der Aufgabenerledigung: dient diese auch oder vorrangig der Herrschaftsordnung oder ist sie Dienstleistung für Bürgerinnen und Bürger, für die Gesellschaft?

Eine Limitierung in der Erledigungsweise von Verwaltungsaufgaben ergibt sich aus der Begrenztheit der Verwaltungsinstrumente. Da Verwaltungshandeln darauf angelegt ist, zu wirken und etwas zu bewirken, zielt es immer auf die Beeinflussung menschlichen Verhaltens. Auch wenn am Ende Sachleistungen wie der Bau einer Autobahn stehen, bestimmt sich die Varianz der Erledigungsweisen und der Instrumente aus der Varianz in den Möglichkeiten, menschliches Verhalten zu beeinflussen, sei es durch Gebote oder Verbote, durch Information oder Gewalt, durch Leistungen oder durch Anreize, wie die Bereitstellung von Infrastruktur. Zusätzlich haben staatliche Organisationen die Möglichkeit zur Ersatzvornahme – sei es durch eigenes Tun oder das Handeln Dritter –, wenn unmittelbar Betroffene ihren Verpflichtungen nicht nachkommen.

---

13 Nach Schmidt-Aßmann werden Verwaltungsaufgaben nur dann hinreichend erfasst, wenn man sie in Aufgabenbereiche gliedert. Aufgabenbereiche sind durch die Merkmale der Sachaufgabe, der Erfüllungsmodalitäten und der staatlich-gesellschaftlichen Rollenverteilung bestimmt (Eberhard Schmidt-Aßmann, a.a.O., S. 214).

14 Vgl. die Beiträge in Dieter Grimm (Hsg.): Staatsaufgaben, Baden-Baden 1994

Auch wenn sich Grundtypen von Verwaltungsaufgaben im letzten Jahrhundert herausgebildet haben und relativ konstant sind[15], ergeben sich Veränderungen in der Konkretion und der Menge der zu erledigenden Aufgaben, was in der Veränderung individueller und gesellschaftlicher Lebensformen, wirtschaftlichen Handelns, politischer Verflechtungen und einer sich entwikkelnden öffentlichen Sensibilität für politisch-soziale, ökonomische, ökologische oder kulturelle Problemlagen begründet ist.

Der Erledigungsform nach können bestimmte Grundtypen unterschieden werden:

a) Ordnung:

Verhaltensbestimmung durch
- Information
- Gebot
- Verbot
- Erlaubnis
- Kontrolle
- Gewalt

b) Leistung:

- Finanzleistung
- Infrastruktur
- Sachleistung
- Modellprojekte
- Betriebe, Unternehmen
- Informations- und Kommunikationsleistungen

c) Steuerung:

Beeinflussung individuellen oder kollektiven Verhaltens zur Realisierung politischer Ziele, zur Praktizierung von Gesetzen ohne Vollzugsmaßnahmen (z.B. Umweltbereich) oder zur Sicherung politischer Systemstabilität durch

- Gebot, Verbot und Erlaubnis
- Infrastruktur
- Modellprojekte
- Information
- Koordination
- Moderation
- Impuls
- Integration

---

15 Erg. Thomas Ellwein, Der Staat als Zufall und als Notwendigkeit, Die jüngere Verwaltungsentwicklung in Deutschland am Beispiel Ostwestfalen-Lippe, Opladen 1993; Hans-Peter Bull, Aufgabenentwicklung und Aufgabenkritik, in: Klaus König, Heinrich Siedentopf (Hsg.): Öffentliche Verwaltung in Deutschland, Baden-Baden 1996/97, S. 343-355

- Vereinbarungen, Arrangements

d) Planung:

- Wahrnehmung gesellschaftlicher Problemlagen und Umsetzung in staatlich bearbeitungsfähige Maßnahmen
- Gesetzesvorhaben und ihre Durchführung
- Planung öffentlicher Einrichtungen einschließlich Infrastruktur

e) Bereitstellung von Ressourcen:

- Errichtung und Erhaltung von (Verwaltungs-)Organisationen
- Beschaffung und Bereitstellung finanzieller Ressourcen
- Beschaffung und Bereitstellung qualifizierter Akteure für die Aufgabenwahrnehmung und -erledigung
- Beschaffung und Bereitstellung von Informationen
- Beschaffung und Bereitstellung von Informations- und Kommunikationssystemen
- Bereitstellung von Sachmitteln

Entsprechend der „fortschreitenden strukturellen Verselbständigung und funktionalen Spezialisierung von gesellschaftlichen Teilsphären" agieren Verwaltungen nicht mehr nur „problembezogen intervenierend, sondern steuernd und systembeeinflussend"[16].

2.1.2 Struktur von Verwaltungsaufgaben

Verwaltungsaufgaben sind Informationsbeschaffung und -verarbeitung und Entscheidung, um etwas zu bewirken. Lebensweltinformationen sind zu sammeln und daraufhin zu prüfen, ob sie einem gesetzlichen Tatbestand (Rechtsinformation) entsprechen. Bestehen für die Verwaltung Gestaltungs- und Entscheidungsspielräume, so ist zusätzlich zu entscheiden, wie diese Spielräume zu nutzen sind. Im Unterschied zu Vollzugsaufgaben geht es bei Planungsaufgaben zwar auch um die Sammlung von Informationen, zusätzlich aber um ihre Verdichtung zu möglichen Wenn-Dann-Aussagen und die Bildung von Sollsätzen als Inhalt von Planung oder Politik als Entscheidung. Defizite ergeben sich aufgrund unvollständig oder falsch gesammelter oder verarbeiteter Informationen oder aufgrund situativ-unangemessener Folgerungen.

Verwaltungsaufgaben unterscheiden sich nach ihrer informationellen Struktur, d.h. nach dem für ihre Erledigung erforderlichen Wissen, der Bestimmtheit des Wissens und seiner Zugänglichkeit.

---

16 Franz-Xaver Kaufmann, Diskurse über Staatsaufgaben, in: Dieter Grimm (Hsg.), a.a.O., S. 15-41, S. 15; erg. Wolfgang Thieme, Aufgaben und Aufgabenverteilung, in: Klaus König/Heinrich. Siedentopf (Hsg.), a.a.O., S. 303-324 und Dieter Grunow, Öffentliche Dienstleistungen, ebd., S. 325-341

Das für die Aufgabenerledigung vorausgesetzte Wissen, die zu erarbeitenden und zu verarbeitenden Informationen sowie die Struktur der Kommunikationsbeziehungen und ihr informationeller Gehalt sind bei verschiedenen Verwaltungsaufgaben unterschiedlich normativ geregelt oder durch ihren Sachzusammenhang bestimmt.

Es kann unterschieden werden zwischen:

- Normwissen, Kenntnis der Rechtsgrundlage einer Verwaltungsaufgabe
- Regelwissen, Kenntnis über technische Regeln oder die Regelhaftigkeit sozialer Prozesse, die in der Aufgabenerledigung zu berücksichtigen sind
- Verfahrenswissen, Wissen über die Art und Weise einer Aufgabenerledigung
- Faktenwissen, Kenntnis über Ausschnitte der Lebenswelt
- Informations(beschaffungs)wissen, Kenntnisse darüber, welche Informationen wie und wo in der Aufgabenerledigung zu beschaffen sind
- Erfahrungswissen, Erfahrungen über bestimmte individuelle und/oder gesellschaftliche Sachzusammenhänge, Bedeutungszumessungen und Wertigkeiten. Solche Erfahrungen werden in der Aufgabenerledigung wie Wissen benutzt, auch wenn sie nicht unbedingt verifizierbar sind. (Hierdurch werden auch Kontextbezüge und Kontextwissen aufgenommen.)

Entsprechend der Bestimmtheit des erforderlichen Wissens in der Aufgabenbeschreibung können wir von vollständig geregelten Aufgaben, unvollständig oder wenig geregelten Aufgaben und nicht geregelten Aufgaben sprechen.

Das Ausmaß der Regelung einer Verwaltungsaufgabe kann sich aus gesetzlichen Aufgabenbestimmungen und Verfahrensbestimmungen, aber auch aus verwaltungseigenen Entscheidungen z.B. im Zusammenhang mit organisatorischen Maßnahmen zu Art und Umfang der Aufgabenwahrnehmung (z.B. Klienten- oder Kundenorientierung) ergeben. Auch bei gesetzlich geregelten Aufgaben gibt es im allgemeinen neben einem „harten Aufgabenkern“ „weiche Aufgabenbestandteile“. So sind Paßwesen, Meldewesen oder Sozialhilfe in den zu erarbeitenden und zu verarbeitenden Informationen weitgehend gesetzlich geregelt. Es verbleiben aber den Verwaltungen erhebliche Gestaltungsspielräume – auch unter Beachtung verfahrensrechtlicher Vorgaben –, ob und in welcher Weise z.B. die Aufgabenerledigung bürgerfreundlich gestaltet wird. Im Bereich der Wirtschaftsförderung ist der Regelungsbereich wesentlich geringer als in den zuvor genannten Beispielen, die (verwaltungs)politischen Gestaltungsmöglichkeiten in der Aufgabenwahrnehmung und -erledigung sind umfangreicher[17].

Die Relevanz von Regeln, Wissen und Informationen kann sich auch aus gesetzlichen Zielbestimmungen ergeben, denen eine Aufgabenerledigung zu

---

17 Klaus Grimmer, Informationelle Struktur der Verwaltungsaufgaben und Entscheidungsorganisation, in: VOP 1990, 2, S: 96-100

entsprechen hat oder – unmittelbar oder mittelbar – aus anderen Gesetzen, die im Zusammenhang mit einer zu erledigenden Aufgabe zu sehen sind.

Insbesondere bei nicht eindeutigen gesetzlichen Bestimmungen über das für eine Entscheidung erforderliche Wissen, was auch heißt, welche Informationen als Grundlage hierfür relevant sind, besteht die Schwierigkeit zu bestimmen, welche und wie viele Informationen eine Verwaltungsaufgabe oder ein politisch-gesellschaftliches Problem entscheidbar machen. Dies ist nicht abstrakt bestimmbar, und der Ausweg der Praxis ist es, über Regeln der Informationsbeschaffung und -verarbeitung (Verfahrensregeln) als relevant zu ermittelnde Informationen zu bestimmen, durch Professionalitätsregelungen, also über Qualifikationsanforderungen an die Bearbeiterinnen und Bearbeiter, ein Verständnis für mögliche entscheidungserhebliche Informationen und ihre Quellen zu schaffen, und schließlich über Kompetenzregeln Herrschaft zu verleihen, über die Relevanz von Informationen für die Erledigung einer Verwaltungsaufgabe oder die Wahrnehmung eines politisch-gesellschaftlichen Problems innerhalb eines bestimmten Rahmens zu entscheiden.

In der Praxis ergeben sich das erforderliche Wissen und die notwendigen Informationen häufig aus der Verwaltungsübung und der institutionellen Prägung einer Verwaltung[18].

2.1.3 Kriterien der Aufgabenerfüllung

Die Erfüllung von Verwaltungsaufgaben, die Produktion öffentlicher Verwaltungen ist ein sehr komplexer Prozess. Die Aufgabe selbst ergibt sich in der Regel aus Gesetzen und Verordnungen, im Kommunalbereich auch aus Satzungen oder anderen Beschlüssen der Vertretungsorgane oder aus der institutionellen Verantwortung der Verwaltungen. Da Verwaltungshandeln immer ein rechtlicher und ein sozialer Prozess ist, sind ebenso wie Aufgabengesetze und Verfahrensrecht auch soziale Bedeutungs- und Wirkungszusammenhänge als funktionale Grundlagen der Aufgabenerfüllung zu berücksichtigen. Es bedarf der Entscheidung darüber, wie der Produktionsprozess und wie die Arbeit zu gestalten sind, welche Interessen zu berücksichtigen, welche Akteure an der Bedeutungsbestimmung von Verwaltungsaufgaben und ihrer Realisierung zu beteiligen sind (u.a. Bürgerbeteiligung).

Die Gestaltung der Organisation und der Produktionsprozesse öffentlicher Verwaltungen ist verfassungsrechtlichen, politischen oder auch nur funktional bestimmten Zielen unterzuordnen. Funktional bestimmt nennen wir solche mittelbaren Ziele, die Voraussetzung zur Erreichung unmittelbarer verfassungsrechtlich oder gesetzlich bestimmter Ziele sind. Zum Beispiel be-

18 Wolfgang Gerstlberger/Klaus Grimmer/Thomas Kneissler, Institutionelle Leistungsfähigkeit von Verwaltungsorganisationen, Baden-Baden 1997. – Näher hierzu unten 2.5.1

darf die Aufgabe Alterssicherung durch Sozialleistungen der Zugänglichkeit der Leistung für alte Menschen.

Als allgemeine Ziele und Kriterien der Aufgabenwahrnehmung und -erledigung sind anzusehen:

- *Erhaltung politischer Bestimmungsfähigkeit und Handlungsfähigkeit der Verwaltungsorganisationen*
  Öffentliche Verwaltungen müssen in der Lage sein, unterschiedliche politische Vorgaben und gesellschaftliche Erwartungen aufzunehmen und in selbst oder durch Dritte bearbeitungsfähige Maßnahmen zu übersetzen.
- *Sicherung klientenzentrierter Ausführung*
  Die Aufgabenerfüllung muss so organisiert werden, dass die Aufgaben vollständig und in einer für die jeweiligen Adressaten geeigneten Form erledigt werden. Dies erfordert Transparenz der Aufgabenerledigung, und dies nicht nur aus klientenbezogenen, sondern auch aus Gründen politisch-demokratischer und rechtsstaatlicher Kontrolle. Verbunden mit dem Transparenzgebot, das Einschränkungen erfahren kann bei Geheimhaltungsangelegenheiten, ist das Gebot der Kontrollmöglichkeit, welches sich aus der rechtsstaatlichen Systembindung öffentlicher Verwaltungen ergibt.

Der Klientenbezug kann unmittelbar Teil einer Verwaltungsaufgabe oder er kann Bestandteil des Verfahrens der Aufgabenerledigung sein, er kann sich aber auch aus der Funktion öffentlicher Verwaltungen ergeben[19]. In jedem Falle realisiert er sich in der Ausgestaltung des Verfahrens, insbesondere der Kommunikation und Kooperation und in der Art und Weise der Ausgestaltung und Präsentation der Produkte. Die Bemühungen vieler Verwaltungen um mehr Bürgerfreundlichkeit, beispielsweise durch die Einrichtung von Bürgerläden, Einwohnerämtern, Bürgerämtern o.ä., sind Ausdruck davon und zeigen die Verflechtung unterschiedlicher organisatorischer Maßnahmen und Realisierungen des Bürgerbezugs und der Leistungsqualität. Klientenbezug und Kundenfreundlichkeit sind aber nicht nach dem privatwirtschaftlichen Motto „der Kunde ist König“ zu interpretieren. Vielmehr verdeutlicht der Kundenbezug in öffentlichen Angelegenheiten, dass einerseits die Leistungen in politisch-sozialen Systemzusammenhängen stehen, andererseits nur bei Berücksichtigung der Individualität der Adressaten Leistungen auch effektiv sein können[20].

- *Mitarbeitergerechte Gestaltung*
  Dies meint, dass die Aufgabenerledigung so zu organisieren ist, dass die Mitarbeiter für ihre Kompetenz qualifiziert sind, um die entsprechenden Tätigkeiten verantwortlich verrichten zu können. Dies meint aber auch,

19 K. Kernaghan, Partneship and Public Admistration: Conceptual and Practical Considerations, in: Canadian Public Administration 36, 1993, 1, S, 59-76

20 Hinter solchen Bezügen stehen unterschiedliche Staatsverständnisse, vgl. H. Mintzberg, Den Staat besser managen, nur wie?, in: Harvard Bussiness Manager 1996, 4, S. 9-8

dass Arbeitsplätze so zu gestalten sind, dass die Mitarbeiter nicht „unnötig“ belastet werden, und dies meint schließlich die Möglichkeit, Sinnhaftigkeit und Verantwortung in der Arbeit zu erfahren und zu realisieren. Anforderungen, die sich letztlich aus dem verfassungsrechtlichen Postulat der Menschenwürde ergeben.

Für das Funktionieren von Organisationen ist es dabei von besonderer Bedeutung, dass sich in ihren Arbeitsweisen Vertrauen und Gerechtigkeit realisieren[21].

- *Sozialverträglichkeit*
  Verwaltungsmaßnahmen können geplante und ungeplante Folgewirkungen haben. Diese sind zu berücksichtigen und es ist zu prüfen, ob sie noch mit dem jeweiligen Aufgabengesetz vereinbar und verfassungskonform sind. Abhängig von der Art und Weise der Ausführung werden Ressourcen in unterschiedlichem Umfang in Anspruch genommen – was heißen kann, welche und wie viele Beschäftigungsmöglichkeiten der öffentliche Dienst zur Verfügung stellen kann. Solche Folgen sind zu erfassen und zu bewerten, um eine sozialverträgliche Gestaltung und Erledigung der Verwaltungsaufgaben zu ermöglichen.
- *Sparsamkeit*
  Das heißt, alternative Strategien der Aufgabenerledigung sind zu prüfen, um bei Einhaltung der übrigen Zielsetzungen die sparsamste, effektivste und effizienteste Art der Aufgabenerledigung zu wählen. Auf diese Zielsetzung hin ist beispielsweise auch der Einsatz von Informations- und Kommunikationstechnik zu entscheiden.

Verwaltungshandeln ist Leistung in einem Einzelfall oder in vielen Einzelfällen und ist in der Summe darauf ausgerichtet, die Bestandsfähigkeit und Entwicklungsmöglichkeit des politischen Systems und die Fähigkeit zur wirtschaftlichen, sozialen und kulturellen Lebensgestaltung seiner Bürgerinnen und Bürger zu erhalten oder zu fördern. Hieraus ergibt sich ein übergreifender Gemeinwohlbezug[22] des Verwaltungshandelns und seine Verpflichtung auf die verfassungsrechtlichen Grundprinzipien der Demokratie, der Sozial- und Rechtsstaatlichkeit und auf die Grundrechte, insbesondere das Gebot, die Menschenwürde zu achten[23], [24].

---

21 Jutta Allmendinger/Thomas Hinz, Perspektiven der Organisationssoziologie, in: dies. (Hsg.): KZfSS, SH 42/2002, S. 9-29 (S. 13f.); Stefan Liebig, Gerechtigkeit in Organisationen, ebd., S. 151-187

22 Hans J. Wolff/Otto Bachof/Rolf Stober, Verwaltungsrecht I, 10. Aufl. München 1994, 338, § 29 Rdnr. 1, Peter Häberle, Das Menschenbild im Verfassungsstaat, Berlin 1988; Carl Böhret, Politik und Verwaltung, Opladen 1983; ders. Öffentliches Interesse Revisited, in: Gerd Winter (Hsg.): Das Öffentliche Heute, Baden-Baden 2002, S. 157-178

23 Hans J. Wolff/Otto Bachof/Rolf Stober, Verwaltungsrecht I, a.a.O., 157ff., § 20 Rdnr. 1; Dieter Ehlers, Verwaltung und Verwaltungsrecht im demokratischen und sozialen Rechtsstaat, in: Hans-Ullrich Erichson (Hsg.): Allgemeines Verwaltungsrecht, 10.

Unterschiedliche Aufgaben(-typen) entsprechen deshalb auch unterschiedlichen Verantwortungstypen der öffentlichen Verwaltungen.

Mit diesen Kriterien der Aufgabenerledigung wird gleichzeitig ein Zielkontext bestimmt, der zusammen mit dem Aufgaben- und dem Produktionskontext (Realisierungsformen) die Ausgestaltung der Produktionsprozesse öffentlicher Verwaltungen bestimmt[25] und bei der Gestaltung von informations- und kommunikationstechnischen Arbeitssystemen als ihre Arbeitsbedingung aufzunehmen ist.

Die Konkretisierung der hier umschriebenen Kriterien der Organisationsgestaltung ist zeit- und kontextgebunden. Verwaltungsaufgaben, Verwaltungsorganisation und Verwaltungsverfahren sind vielfältig rechtlich bestimmt – sei es dem Inhalt und Verfahren der Aufgabenerledigung nach, sei es hinsichtlich der einsetzbaren Ressourcen. Dies verleiht ihnen Stabilität und Berechenbarkeit – aber auch (formale) Eigenart. Verwaltungsorganisationen stehen in der Prozessstruktur des politischen Systems. Die rechtlichen Vorgaben in ihrem Lebensweltbezug bestimmen den Interpretationshorizont für Daten, geben den Deutungsrahmen für Informationen. Notwendige situative Offenheit – wegen der Prozessstruktur – und notwendige rechtliche Bestimmtheit finden ihren „Ausgleich“ in der konkreten Entscheidung. Die Offenheit der Handlungssituation wird darin aufgehoben, die rechtlichen Interpretationsmöglichkeiten werden gebunden.

Die hier vorgestellten inhaltlichen Kriterien sind zu ergänzen durch formale Kriterien wie das Rationalitätskriterium, das heißt Vernünftigkeit, Vermittlungsfähigkeit, Widerspruchsfreiheit und Begründbarkeit als Anforderungen an das Verwaltungshandeln, weil Verwaltungshandeln in einer Demokratie immer soziales und damit auch kommunikatives Handeln ist[26].

2.2 Öffentliche Verwaltung als Organisationen

Häufig wird von der öffentlichen Verwaltung der Bundesrepublik Deutschland, der eines Bundeslandes oder einer Kommune gesprochen. Im Grunde handelt es sich aber immer um eine Vielzahl mehr oder minder selbständiger

---

Aufl. Berlin 1995, S. 1-110, erg. Klaus Grimmer, Demokratie und Grundrechte, Berlin 1980, S. 244ff.

24 Bull sieht das Besondere der staatlichen Aufgabenerfüllung in der Verantwortung vor dem Volk. Hans Peter Bull, Zivilgesellschaftliche Eigenverantwortung versus bürokratische Aufgabenerfüllung, in: Gerd Winter (Hsg.): Das Öffentliche Heute, Baden-Baden- 2002, S. 127-134 (S. 128)

25 Bertelsmann-Stiftung (Hsg.): Demokratie und Effizienz in der Kommunalverwaltung, Gütersloh 1993, S. 14 f.; Frieder Naschold, Modernisierung des Staates. Zur Ordnungs- und Innovationspolitik des öffentlichen Sektors, 3. Aufl., Berlin 1995, S. 70ff.

26 Hierzu R. Hartwig, Rationality and the Problems of Administrative Theory, in: Public Administration 1979, S. 159-179

oder unselbständiger Verwaltungseinheiten[27]. Spricht man von einer Kommunalverwaltung, dann können damit alle Verwaltungseinheiten gemeint sein, welche zur öffentlich-rechtlichen Körperschaft, beispielsweise Stadt Kassel, gehören. Es kann aber auch nur eine einzelne Einheit, z.B. das Schulamt oder das Hauptamt, gemeint sein. Der Zusammenhang zwischen einzelnen Verwaltungseinheiten ist unterschiedlich stark ausgeprägt.

Eine Kommunalverwaltung umfasst im allgemeinen Sprachgebrauch eine bunte Palette von Dezernaten und Ämtern, mit und ohne Ressourcenverantwortung, von Regie- und Eigenbetrieben bis hin zu unselbständigen oder selbständigen Anstalten, von Eigen- oder Beteiligungsgesellschaften mit beschränkter Haftung bis zu Aktiengesellschaften – hier spricht man von öffentlichen Unternehmen, soweit sie nicht vollständig privatisiert sind – und Stiftungen. Soweit öffentliche Aufgaben einer Kommune durch Einrichtungen in selbständiger Rechtsform erledigt werden, wird der Zusammenhang mit der öffentlich-rechtlichen Körperschaft – in unserem Beispiel Stadt Kassel – nur über eigentumsrechtliche Bindungen und über Aufsichtsgremien hergestellt.

Das hier gewählte Beispiel des Kommunalbereichs lässt sich vervielfältigen, da es der Form nach solche Verwaltungseinrichtungen auch auf Landes- und Bundesebene gibt und auf Bundes- und Landesebene eine Vielzahl rechtlich verselbständigter Einheiten wie Bankenaufsicht, Bundesanstalt für Arbeit, Rentenversicherungsanstalten, Hochschulen und Forschungseinrichtungen u.a. agieren.

Von einer Verwaltungseinheit zu sprechen empfiehlt sich dann, wenn ein abgegrenzter oder abgrenzbarer Aufgabenbereich, eine eigene Leitung und zumindest begrenzte Verfügungsmöglichkeiten über personelle und sächliche Ressourcen gegeben sind – unabhängig davon, ob eine solche Einheit zu einer Kommunalverwaltung im umfassenden Sinne gehört oder einem Ministerium nachgeordnet ist.

Die einzelnen Verwaltungseinheiten können über sogenannte Trägereinrichtungen, also z.B. eine Kommune, miteinander verbunden sein. Diese Verbindung ergibt zwar eine Kommunalverwaltung, aber kein Verwaltungssystem[28]. Ein solcher systemischer Charakter öffentlicher Verwaltungen ist weniger begründet in der Legitimation und rechtlichen Konstruktion ihrer Organisationen und Aufgaben, in ihrer Struktur und Arbeitsweise, sowie in spezifischen Kommunikations- und Interaktionsformen, sondern mehr in der Wahrnehmung öffentlicher Aufgaben, in einer Gemeinwohlorientierung der Aufgabenwahrnehmung und letztlich in der verfassungsrechtlichen Bindung und Begründung.

---

27 Hierzu Hartmut Maurer, Allgemeines Verwaltungsrecht, 13. Aufl., München 2000, S. 504ff.

28 In gewisser Weise kann von Vernetzungen und Netzstrukturen gesprochen werden, vgl. Dorothea Jansen, Netzwerkansätze in der Organisationsforschung, in: Jutta Allmendinger/Thomas Hinz (Hsg.), a.a.O., S. 88-18

Organisation einer Gesellschaft und Organisationen in einer Gesellschaft sind Bedingungen für funktionale Differenzierungen und Systembildung[29] und ebenso notwendiges Organisationsmittel für hochgradig interdependente Sozialbeziehungen[30].

Organisationen sind ein Instrument zur Umsetzung von Strategien und zur Erreichung von Zielen, deshalb gibt es auch keine Gesellschaft ohne organisierte Verwaltung. (Verwaltungs-)Organisationen sind bürokratisch, ihre Rationalität manifestiert sich in zweckhaften und effizienten Prozessen des Organisierens. Allerdings besteht dabei immer die Gefahr, dass ein Herrschaftsmittel zur Herrschaftsform[31] sich verändert.

Organisationen bilden die Grundlage für geordnete Lebens- und Zusammenlebensformen, in ihnen realisiert sich ein Grundbedürfnis nach geordneter Kooperation und Produktivität. In der Art und Weise organisatorischer Gestaltungen drücken sich deshalb auch unterschiedliche Lebensformen aus. Handeln in Organisationen ist immer kommunikatives Handeln und bildet gleichzeitig wieder die Grundlage für die Weiterentwicklung kommunizierten, formal verbundenen Handelns.

Mitgliedschaft in Organisationen begründet gesellschaftliche Inklusion[32] (Entscheidungen, Informationen, Gedächtnis[33]). Verwaltungsorganisationen sind auf die Gesellschaft bezogen und von ihr aus strukturiert, sie sind immer formale Organisation. In der „Abstraktion“ von Inhalten bewährt sich ihre Handlungs- und Entscheidungsfähigkeit bezogen auf die Inhalte[34]. Verwaltungen sind dabei intersystemische Organisationen und Eigen-System-Organisation, gekennzeichnet durch strukturelle Kopplungen.

Bei der Struktur öffentlicher Verwaltungen ist zu unterscheiden zwischen der Makrostruktur, der Mesostruktur und der Mikrostruktur.

Die Makrostruktur der Verwaltungen wird im wesentlichen bestimmt durch die unterschiedlichen Zuständigkeiten öffentlicher Verwaltungen und ihre Zuordnung zu verschiedenen politischen Ebenen. Die einzelnen Verwaltungen oder auch öffentlichen Unternehmen sind entsprechend den ihnen zugrundeliegenden Einrichtungsgesetzen für einen oder mehrere politisch-

---

29 Walther Müller-Jentsch, Organisationssoziologie, Frankfurt/M. 2003, S. 35

30 Vgl. Walther Müller-Jentsch, a.a.O., S. 180

31 Walther Müller-Jentsch, a.a.O., S. 78, S. 177; für Türk sind Organisationen endsolidarisierende, endmoralisierende, Verantwortung entlastende Sozialmechanismen mit Herrschaftsfunktion, hierzu Walther Müller-Jentsch, a.a.O., S. 179

32 Hierzu näher Walther Müller-Jentsch, a.a.O., S. 181

33 Ingo Bode/Hanns-Georg Brose, Zwischen den Grenzen. Intersystemische Organisationen im Spannungsfeld funktionaler Differenzierung, in: Veronika Tacke (Hsg.): Organisation und gesellschaftliche Differenzierung, Wiesbaden 2001, S. 112-140.

34 Uwe Schiemank, Funktionale Differenzierung, Durchorganisierung und Integration der modernen Gesellschaft, in: Veronika Tacke (Hsg.), a.a.O., S. 19-38; Tanja Lieckweg/Christof Wersig, Zur komplementären Ausdifferenzierung von Organisationen und Funktionssystemen. Perspektiven einer Gesellschaftstheorie der Organisation, in: Veronika Tacke (Hsg.), a.a.O., S. 39-60; erg. Armin Nassehi, Die Organisation der Gesellschaft, in: Jutta Allmendinger/Thomas Hinz (Hsg.), a.a.O., S. 443-478

gesellschaftliche Problembereiche oder Aufgabenfelder zuständig und unterscheiden sich dadurch in ihrer darauf bezogenen Organisation voneinander. Damit wird gleichzeitig das Verwaltungssystem entsprechend den unterschiedlichen Politikfeldern strukturiert. Hinzu kommt die Strukturierung, welche sich aus der Zuordnung einer Verwaltung zur Bundes-, Landes- oder Kommunalebene oder ihr Ausweis als eigenständige Einrichtung ergibt. Im Grunde kann beim Verwaltungssystem von einem Mehrebenen- und Mehrspartensystem gesprochen werden.

Mit der Mesostruktur werden einzelne „Verwaltungen" und ihre Gliederung bezeichnet, also z.B. eine Kommunalverwaltung und ihre Gliederung in Ämter und Betriebe oder die Strukturierung der Bundesregierung in einzelne Ministerien und ihnen zugeordnete Behörden, Betriebe und Einrichtungen.

Die Mikrostrukturierung bezieht sich auf die Ausgestaltung der einzelnen Verwaltungen und Verwaltungseinheiten, ihre Aufbau- und Ablaufstruktur, also ihre Produktionsformen und -prozesse.

Für die Leistungsfähigkeit eines Verwaltungssystems ist vor allem die Ausgestaltung der Meso- und der Mikrostruktur von Bedeutung. Allerdings kennzeichnet diese ein hohes Maß an Verflechtung je für sich, innerhalb und zwischen den strukturellen Ebenen. Hier bietet vor allem die Mesostruktur eine gewisse Eigenständigkeit.

Öffentliche Verwaltungen wie auch die einzelnen Verwaltungseinheiten sind – wie gesagt – Organisationen. Organisationen sind ein Zusammenhang von Personen und sächlichen Mitteln zur Erfüllung einer Aufgabe bzw. zur Erledigung eines Zweckes. Das Grundprinzip organisierter Problemwahrnehmung oder Aufgabenerledigung – gleichgültig, ob es sich um ein privatwirtschaftliches Unternehmen oder eine öffentliche Verwaltung handelt – ist die Gliederung mehr oder minder komplexer Aufgaben in verschiedene Arbeitsschritte und die Erledigung der Aufgaben oder Aufgabenteile (Arbeitsschritte) durch einzelne Organisationsstellen mit für die jeweilige Aufgabe, den jeweiligen Aufgabenteil spezifischer Fachkompetenz und die Integration/das Zusammenführen der einzelnen Arbeitsergebnisse zu einem Endergebnis/Produkt/Bescheid[35].

So besteht Müllabfuhr aus einer Vielzahl einzelner Arbeitsschritte von der Anmeldung des Kunden über Bereitstellung des Fuhrparks, Organisation der Müllabholung, Transport zu Verbrennungsanlagen und Verbrennung, Wartung und Erneuerung entsprechender Anlagen, Gebührenstellung an die Kunden und Beitreibung ausstehender Gebühren. Eine solche komplexe Aufgabe wird regelmäßig in mehrere eigenständige Aufgaben oder Produkte unterteilt – Anmeldung – Bereitstellung des Fuhrparks – Müllabfuhr – Müllverwertung – Gebührenrechnung. Für die Erledigung jeder dieser Einzelaufgaben sind eine Vielzahl von Informationen erforderlich, Rechtsnormen sind zu beachten, Kommunikationsprozesse durchzuführen. Ein vergleichbar

35 Vgl. Jutta Allmendinger/Thomas Hinz, Perspektiven der Organisationssoziologie, in: dies. (Hsg.), a.a.O., S. 9-29; Uwe Schimank, ebd. S. 29-54

komplexes Beispiel wäre die Erstellung einer Baugenehmigung für ein großes Kaufhaus in der Innenstadt in denkmalgeschützter Umgebung.

In der Praxis gibt es heute Ansätze zu einer Reduktion von Arbeitsteilung. Deutlich wird dies bei Reformansätzen in der Leistung von Sozialhilfe und anderen Hilfen. Hier wird eine sehr arbeitsteilige Vorgehensweise ersetzt durch eine möglichst ganzheitliche und zusammenhängende Bearbeitung der verschiedenen Anliegen und Ansprüche durch einen Sachbearbeiter oder ein Team von Sachbearbeiterinnen und Sachbearbeitern, welches insgesamt die Produktverantwortung hat.

Der Unterschied der beiden Organisationsprinzipien ist darin begründet, dass in den ersten Fällen einzelne Sachbearbeiterinnen oder Sachbearbeiter für einzelne Arbeitsschritte verantwortlich sind, ihnen die, und nur die Informationen zur Verfügung stehen, welche für den Arbeitsschritt benötigt werden. Entsprechend begrenzt ist ihre Verantwortung und Verantwortungsfähigkeit.

Im zweiten Fall sind der einzelne Sachbearbeiter bzw. die einzelne Sachbearbeiterin oder das Team für mehrere Aufgaben/Aufgabenteile/Arbeitsschritte zuständig. Dies setzt voraus, dass die informationellen Grundlagen der Arbeit in gewisser Weise unabhängig von den einzelnen Arbeitsplätzen organisiert werden und es für jeden/für jede entsprechende Zugriffsmöglichkeiten gibt. Es erfordert weiter ein Verständnis für die Gesamtaufgaben und ihre Erledigung. Die Verantwortung der einzelnen Beteiligten und Beschäftigten und ihre Gestaltungsmöglichkeiten der Arbeit erweitern sich.

Organisationsgestaltung nach dem Prinzip „Teilen und Integrieren" impliziert mehrere vorgängige Maßnahmen, soll der Vorgang „Teilen und Integrieren" nicht ständig neu mit der Gefahr vielfältiger Irrtümer und Fehler, Umwege und unnützer Arbeitsschritte angegangen werden:

- Die Struktur der Aufgaben muss geklärt sein, um eine Aufteilung in sinnvolle Arbeitsschritte vornehmen zu können.
- Die zur Erledigung einer Aufgabe erforderlichen Informationen müssen bekannt sein und es bedarf der Kenntnis, wo welche Informationen wie verfügbar sind.
- Es muss Klarheit über die erforderlichen Kompetenzen für die einzelnen Arbeitsschritte und über die Menge der erforderlichen Arbeitsstellen zur Erledigung der Gesamtaufgabe/Gesamtaufgaben bestehen.
- Es müssen klare Regelungen über die Abfolge der einzelnen Arbeitsschritte bei Aufteilung auf einzelne Arbeitsplätze oder über die Einzel- und Gesamtkompetenz eines Teams – wenn Teamarbeit vorgesehen ist – bestehen.
- Es muss eine klare – hierarchische – Kompetenzzuordnung geben für die Verantwortung des Gesamtprozesses einschließlich der notwendigen Integrationsschritte und der Feststellung der Richtigkeit und Vollständigkeit des Endproduktes.
- Es müssen entsprechende Regeln aufgestellt werden, um den Produktionsprozess kontinuierlich planen und absichern zu können. Solche und

andere Regeln können sich aus den Aufgabengesetzen, den Verfahrensgesetzen oder verwaltungseigenen Dienst- und Arbeitsanweisungen ergeben.

Der Zweck organisierter Aufgabenerledigung und damit der Zweck von Verwaltungsorganisation ist es, unterschiedlich komplexe Aufgaben aufzugliedern, für die Erledigung der einzelnen Teile jeweils die erforderlichen Kompetenzen einzusetzen und die Zusammenführung der einzelnen Arbeitsschritte zu einem Gesamtprodukt zu gewährleisten: Organisierte Aufgabenerledigung ist also sparsam, ermöglicht sachlich angepassten Ressourceneinsatz, gewährleistet Transparenz und Überprüfbarkeit der einzelnen Arbeitsschritte und ihrer Zusammenführung sowie die Möglichkeit zu Parallelarbeit und damit zur Einsparung von Produktionszeiten.

Nur die organisatorische Gestaltung ist optimal, welche gewährleistet, dass die verschiedenen Ressourcen zur Aufgabenerfüllung zweckmäßig eingesetzt werden, d.h. entsprechend den Kriterien aufgabengerecht, kundengerecht, mitarbeitergerecht, wirtschaftlich und sparsam.

Organisatorische Gestaltungen sind also gleichzeitig auch Mittel zum Zweck, d.h. ein Instrument, dessen Einsatz darüber entscheidet, in welcher Weise Probleme wahrgenommen, Aufgaben realisiert werden. Gestaltungsbereiche sind dabei Festlegung von Handlungszielen, zeitliche Spielräume, Strukturierung von Situationen, Breitstellung technisch-organisatorischer Mittel, körperliche Aktivitäten, Kooperations- und Interaktionsformen, Handlungsspielräume und Verantwortungsbereiche[36]. Organisationen zielen darauf ab, Verhalten nicht von außen, sondern von innen heraus zu gestalten. Damit sind gleichzeitig mögliche Schwachstellen erkennbar, welche sich aus einer zu großen Arbeitsteilung oder aus unzureichenden Kompetenzen ergeben können.

Die Organisation der Organisation erfordert deshalb für eine aufgabenangepasste Produktion eine entsprechende Ausgestaltung

- der Aufbauorganisation: Bildung einer Gesamtorganisation und ihre Gliederung in Verwaltungseinheiten auf verschiedenen Ebenen oder als eigenständige Einrichtung mit mehr oder weniger vielen Stellen und Zuordnung dieser Stellen zueinander.
- der Ablauforganisation: Festlegung der einzelnen Organisationsstellen/Arbeitsstellen und der Reihenfolge, in welcher sie in einem Produktionsprozess (mit)wirken.
- der Informationsorganisation: Verwaltungsarbeit ist vor allem Informationsverarbeitung. Es ist deshalb für die Effizienz eines Produktionsprozesses sehr wichtig, dass die richtigen Informationen zur rechten Zeit am rechten Ort in der rechten Weise verfügbar sind. Dies können Sachverhaltsinformationen aus einem Antrag auf Sozialhilfe, dies können Norm-

36 Zur Bedeutung und zur Entlastungsfunktion von sozialen und organisatorischen Regelungen vgl. Nikolaus Beck, Kontinuität des Wandels, Opladen 2001, S. 10ff.

informationen für das zu beachtende Recht und dies können personenbezogene Informationen über Adressaten einer Verwaltungsentscheidung sein oder es kann sich um Kommunikationsprozesse zwischen Verwaltungseinheiten oder Verwaltungsstellen handeln[37].
- der Arbeitsorganisation: Dies meint die Ausgestaltung von Arbeitsplätzen und die Verfügbarkeit von Arbeitsmitteln, so dass mit geringem Aufwand und wenig Liege- und Suchzeiten die jeweiligen Arbeitsschritte vollständig und in einer ergonomisch förderlichen Weise getan werden können[38]. Dies meint auch Gestaltung der Arbeits- und Verantwortungsbereiche in einer Weise, dass es sinnvolle Arbeitsinhalte gibt[39].

In der Praxis haben sich bestimmte Organisationstypen und -formen entwikkelt, welche, bezogen auf bestimmte Leistungserfordernisse zweckmäßig sind:

- öffentlich-rechtliche Konstrukte (öffentlich-rechtliche Körperschaften, öffentlich-rechtliche Anstalten, Behörden und Ämter)
  mit eigener Aufgabenerledigung oder
  mit Aufgabenerledigung durch Dritte und ihre Gewährleistung durch eine öffentliche Verwaltung
- öffentliche Unternehmen
- Public-Private-Partnerships
- private Formen, deren Verfahren und Produkte Kriterien öffentlicher Verwaltung unterliegen[40].

Die Wahl der Organisationsform hängt zunächst ab von den zu erledigenden Aufgaben: sind es Hoheitsaufgaben, wirtschaftliche Betätigungen oder ist es kulturelles Engagement. Für die Erfüllung der Aufgaben gibt es in der Regel unterschiedliche Spielräume und Dispositionsmöglichkeiten beim Einsatz der Ressourcen und in der Wahl des Gestaltungs- und Entscheidungsmodus (vertragliche Vereinbarung oder hoheitliches Handeln in Form des Verwaltungsaktes). Entsprechend empfehlen sich im einen Falle die Behörden-Amtsorganisation, in anderen Fällen Organistionsformen, welche mehr Gestaltungs- und Dispositionsmöglichkeiten erlauben, wie Eigenbetriebe oder Regiebetriebe. Wird eine Leistungserstellung in Verbindung mit anderen, insbesondere privaten Partnern vorgenommen, empfiehlt sich das Public-Private-Partnership. Steht die Leistungserstellung schließlich im marktwirtschaftli-

---

37 Ergänzend Arno Scherzberg, Die öffentliche Verwaltung als informationelle Organsation, in: Wolfgang Hoffmann-Riem/Eberhard Schmidt-Aßmann (Hsg.): Verwaltungsrecht in der Informationsgesellschaft, Baden-Baden 2000, S. 195-223 (S. 201ff., 210f.)

38 Irene Raehlmann, Entwicklung von Arbeitsorganisation, Opladen 1996

39 Klaus Schönberger/Stefanie Springer (Hsg.): Subjektiverte Arbeit, Mensch, Organsiation und Technik in einer entgrenzten Arbeitswelt. Frankfurt/M.; New York 2003

40 Schmidt-Aßmann unterscheidet als Organisationsrechtsformen Amt, Behörde, Körperschaft, Anstalt und Stiftung des öffentlichen Rechtes, ergänzend nennt er die AG und die GmbH, Eberhard Schmidt-Aßmann, a.a.O., S. 206

chen Wettbewerb oder bedarf die Finanzierung der Produktion bzw. Produktionsanlagen Mittel des Kapitalmarktes, kann die Organisationsform der privatwirtschaftlichen und privatrechtlichen Rechtsform wie GmbH oder AG angemessen sein.

Die Organisationsform entscheidet über die Möglichkeiten zur Steuerung, über Hierarchie und Partizipation, über Kosten (Personal- und Sachkosten), über Sachverstand und Kompetenz, über Kontrolle und Transparenz, über „Einheit" oder „Vielheit" von Arbeitseinheiten, über Effizienz und Effektivität, Kooperationsfähigkeit und -möglichkeit, über Flexibilität und Regelbindung, Bürokratie und Innovationsfähigkeit, über Bürgernähe oder -ferne, über Mitarbeiterverantwortung und Routine durch die Qualität der einzelnen Stellen, durch die verfügbaren insbesondere iuk-technischen Ressourcen und durch die Art und Weise der Koordination und Integration der einzelnen Arbeitsbeiträge, d.h. durch die Ausgestaltung des Zusammenwirkens zwischen den einzelnen Arbeitsstellen und -einheiten.

Ob eine bestimmte Organisationsform/Rechtsform zu wählen ist, ist auch von staatsorganisatorischen Aspekten anhängig. Die Organisation, vor allem die Organisationsform öffentlicher Aufgabenwahrnehmung und -erledigung ist nie nur eine Verwaltungssache, sondern betrifft, wie dargelegt, die Staatsorganisation und die Gestaltung und Belebung des Öffentlichen insgesamt.

Organisatorische Gestaltungen werden auch vom „Zeitgeist", von öffentlich wirksamen „Leitbildern" beeinflusst. Unabhängig von ihrem wissenschaftlichen Wert sind sie Maßstab für praktische Beurteilungen. Deshalb erhält unter Umständen das eine oder andere organisatorische Gestaltungsmodell den Vorzug, nicht weil es effizienter oder effektiver ist, sondern weil es „in" ist, weil man es so macht.

Die Organisation öffentlicher Verwaltungen befindet sich im Wandel. Schuppert spricht von einer Pluralisierung der Verwaltung und ihrer Organisationsformen[41]. Diese Pluralisierung zeigt sich nicht nur in der Bündelung oder Verteilung von Aufgaben auf eine oder mehrere organisatorische Einheiten einer Verwaltung, sondern auch in der Ausdifferenzierung von Aufgaben in Eigenbetrieben, Regiebetrieben oder privatrechtlichen Gesellschaften bis hin zu Public-Private-Partnerships. Die Ursachen sind unterschiedlicher Art. Zum einen die Suche nach angemessenen Organisationsformen für die Erledigung bestimmter Aufgaben in einer bestimmten Weise bei häufig pluralen oder konfliktären Zielsetzungen. Zum anderen Einfluss gesellschaftlicher Interessengruppen auf Einrichtung „ihrer Verwaltung" für „ihre Probleme" oder auch Interessen des Verwaltungsmanagements auf eine „eigene" Organisation und anderes[42].

---

41 Gunnar Folke Schuppert, a.a.O., S. 831f., zu Binnendifferenzierungen S, 841ff., zu Ausdifferenzierungen 862ff.- diese vor allem aus Haushalts- und Budgetgründen. Dahinter verbirgt sich eine Neubewertung der Staatsaufgaben und damit auch des Staates. Vgl. auch Eberhard Schmidt-Aßmann, a.a.O., S. 208ff.

42 Grundlegend Hans Brinckmann, Verwaltungsgliederung als Schranke von Planungs- und Informationsverbund, in: ÖVD 6/1975, S. 239-248; vgl. auch zum Problem der

Über die Organisations(rechts)form ergibt sich die rechtsstaatliche Rück- und Einbindung von Verwaltungen, verbunden mit dem Ziel der Formenklarheit, der rechtsstaatlichen Legitimation, der Sicherung von Steuerung und Kontrolle. Über die Bereitstellung der Ressourcen der Verwaltung ergibt sich, wie auch bei den Aufgaben, die demokratische (und rechtsstaatliche) Einbindung und Rückbindung der Verwaltung.

Die Eigenart von (Verwaltungs-)Organisationen wird – wie gesagt – durch das Prinzip „Teilen und Integrieren" bestimmt. Dies aber nicht nur unter dem Aspekt der Arbeitsteilung und der möglichen Parallelität von Arbeitsvorgängen, der möglichen Mischung von Kompetenzen und damit auch unterschiedlich kostenintensiver Beiträge, sondern auch durch die damit mögliche unterschiedliche räumliche Präsenz und zeitliche Verfügbarkeit und durch die Möglichkeit, gleichzeitig differenzierte Ziele zu verfolgen und zu einem einheitlichen Produktionsprozess und Produkt zu verbinden. Je nach der organisatorisch-rechtlichen Ausgestaltung können so Organisationen Herrschaft bündeln und durchsetzen oder vor damit verbundenen Gefahren schützen oder kostengünstige routinisierte Massenprodukte herstellen[43].

Organisationen dienen vielfältigen Interessen. Sie sind sowohl Mittel der Ausbeutung als auch demokratischer Selbstbestimmung. Sie sind sowohl Mittel zur Bündelung von Gewalt als auch zur Bindung von Gewalt. Sie sind sowohl Möglichkeit für einen fairen Ausgleich der Interessen freier und gleicher Individuen als auch Mittel, Herrschaft zu strukturieren und zu realisieren. Recht bedarf der Organisation, und die Funktion von Organisationen wird wesentlich durch die implementierten Regeln bestimmt[44].

2.3 Instrumente und Arbeitsweisen

Verwaltungsorganisationen sind über rechtliche Regelungen Aufgaben zugewiesen, für deren Erledigung die Beschäftigten mehr oder minder qualifiziert sind. Ihnen stehen aufgrund von Haushaltsbestimmungen spezifische personelle und sächliche Ressourcen zur Verfügung. Es kann unterschieden werden zwischen hoheitlichem Handeln, Maßnahmen der Ressourcenumverteilung und Dienstleistungen.

Molekularisierung öffentlicher Verwaltungen Christoph Reichard, Institutionelle Wahlmöglichkeiten bei der öffentlichen Aufgabenwahrnehmung, in: Dietrich Budäus (Hsg): Organisationswandel öffentlicher Aufgabenwahrnehmung, Baden-Baden 1998, S. 121-153

43 Karl-Peter Sommermann, Verwaltung im Rechtsstaat, in: Klaus König (Hsg.): Deutsche Verwaltung an der Wende zum 21. Jahrhundert, a.a.O., S. 97-108 (S. 103ff.)

44 Walter Leisner, Die undefinierbare Verwaltung, Berlin 2002, S. 170ff., S. 260ff.

Das Verwaltungshandeln ist in seinem Ablauf mehrfach geregelt[45]. Art und Umfang der Regelungen sind abhängig von der gewählten Organisationsform und naturgemäß von den zu erfüllenden Aufgaben.

Zunächst gibt es Regeln, welche die Interaktion öffentlicher Verwaltungen mit ihrer Umwelt, insbesondere mit ihren Klienten betreffen. Diese Verfahrensregeln reichen von der Kontaktaufnahme zwischen Klienten und Verwaltung (Anträge, Informationen) über die Art und Weise der Mitwirkung der Verwaltungsklienten am und im Verfahren und die Bereitstellung von Informationen, die zeitliche Bindung von Antrags- und Mitwirkungshandeln (Befristungen) bis zur Bescheidung, d.h. der Art und Weise, wie eine Entscheidung den Verwaltungsklienten mitgeteilt wird und mit welcher Wirkung[46].

Weiterhin gibt es verwaltungseigene Regeln, welche der Eigenart organisierter Problembearbeitung geschuldet sind, d.h. der arbeitsteiligen Vorgehensweise und der Integration bzw. Zusammenführung der Einzelschritte.

Schließlich gibt es einen dritten Typ von Regelungen, welche sich aus der Natur des Verwaltungsverfahrens als interaktivem und öffentlichem Verfahren ergeben. Das sind Regeln, welche zunächst die Art der Kommunikation – z.B. Schriftlichkeit –, die Präsenz von Informationen und Entscheidungen – z.B. Aktenmäßigkeit, Aktenführung –, die Nachvollziehbarkeit des Verwaltungshandelns und die Begründung von Verwaltungsentscheidungen – wie Schriftlichkeit, Unterschrift – betreffen[47].

Trotz dieser Regelbindungen –, ein gutes Teil sind verwaltungseigene Regelungen – bestehen erhebliche Spielräume zur Ausgestaltung des Verwaltungsverfahrens und der verwaltungseigenen Produktionsprozesse, welche aufgaben- und situationsbezogene Anpassungen erlauben, soweit sie nicht übergreifenden Verfassungsnormen wie dem Gleichheitsprinzip (Art. 3 GG), den Geboten der Verhältnismäßigkeit, der Transparenz, der Nachprüfbarkeit oder gesetzlichen Verfahrensfestlegungen widersprechen[48].

Die Verfahrensregeln in Verbindung mit den Regeln der Aufgaben- und Problemwahrnehmung, der Regelung der Bearbeitungskompetenz der einzelnen Verwaltungsstellen und der Interaktion zwischen ihnen sowie der Regelung von Einzel- und Gesamtverantwortung (Hierarchie) werden unter dem

---

45 Schuppert spricht von einer Disziplinierungsfunktion des allgemeinen Verwaltungsrechts für das Verwaltungshandeln und von der Funktion, geeignete Handlungs-, Verfahrens- und Organisationsformen bereitzustellen, (Gunnar Folke Schuppert, a.a.O., S. 135ff.).

46 Allg. zur rechtlichen Ausgestaltung des Verwaltungsverfahrens Hartmut Maurer, a.a.O., S. 460f.; Schuppert bezeichnet das Verwaltungsverfahren als Verwirklichungsmodus mit der Funktion, Entscheidungsprozesse zu strukturieren und ein informiertes und effizientes Verwaltungshandeln sowie den Rechtsschutz zu gewährleisten, Gunnar Folke Schuppert, a.a.O., S. 794f.

47 Am Beispiel der Automatisierung in öffentlichen Verwaltungen Klaus Grimmer, Die Funktion des Rechts in der automatisierten Verwaltung, in: DVR, 4/1980, S. 323-335

48 Vgl. z.B. Peter Badura, Staatsrecht, 3. Aufl., München 2003, S. 590f., 598f.

Begriff des bürokratischen Prinzips zusammengefasst (Max Weber). Das bürokratische Prinzip soll der Transparenz und der Nachvollziehbarkeit des Verwaltungshandelns, der Auskunftsfähigkeit über den Verfahrensstand, der Zuordnung von Verantwortung und der Überprüfbarkeit sowohl des Verfahrens als auch der Arbeitsergebnisse und ihrer Begründung dienen[49].

Das bürokratische Prinzip pervertiert, wenn die Regelbindung nicht in einem flexiblen Verhältnis zur Funktion der einzelnen Maßnahmen und ihren Inhalten steht – das heißt wenn die Aufgabenwahrnehmung, die Verfahrensgestaltung und die Interaktion mit dem Bürger überformalisiert werden.

Verfahrensregeln[50] dienen nicht nur der Absicherung der Produktionsprozesse durch Steuerung des Inputs und des Outputs, der Kooperation innerhalb einer Verwaltung und zwischen Verwaltungseinheiten und der Interaktion mit der Klientel. Über Verfahrensregeln werden auch inhaltliche grundrechts- und wertbezogene Vorgaben vermittelt. Die Eigenart öffentlicher Verwaltungen ist es, dass Aufgaben und Verfahren eine inhaltliche Einheit in der Realisierung der Grundrechtsordnung bei der Erfüllung der Verwaltungsaufgaben bilden.

Verwaltungen gestalten gesellschaftlich-staatliche Wirklichkeit über Programme und Instrumente des Verwaltungshandelns. Unterschieden werden kann zwischen regulativen Programmen, Anreizprogrammen, Leistungsprogrammen, Informations- und Überzeugungsprogrammen[51]. Entsprechend dem Aufgabentyp sind die Programme mehr oder weniger durchformuliert.

Nach der Eigenart öffentlicher Verwaltungen als bürokratischer Organisation fragen, heißt ihre Instrumente und Arbeitsweisen[52] in den Blick zu nehmen. Verwaltungen erledigen konkrete Aufgaben, stellen spezifische Produkte her. Die Produkte sind sehr vielfältig, von der Ausarbeitung eines Gesetzes- oder Satzungsentwurfes über Müllabfuhr bis zur Ausgabe von Personalausweisen oder der Steuerveranlagung, von der Genehmigung von Atommülltransporten über öffentlichen Nahverkehr bis zur Flugsicherung. Dass dem realen Handeln zugrundeliegende Arbeitsschema ist – soweit es sich nicht um neue Problemwahrnehmungen handelt – wie gesagt, weitgehend gleich: Informationen über spezifische individuelle oder gesellschaftliche Situationen werden erfasst, es wird festgestellt, ob ihnen bestimmte Sachverhaltsbeschreibungen von Rechtsnormen entsprechen und es wird geprüft, welche (rechtlichen) Folgerungen zu ziehen sind. Konkrete rechtliche Regelungen können fehlen oder es liegen nur allgemeine Ermächtigungen vor.

---

49 Czerwick spricht von der bürokratischen Rationalität und meint damit die Orientierung des Verwaltungshandelns an Gesetzen und Vorschriften, die Sachbezogenheit, die Routinisierung, Geheimhaltung und Kollegialität, Edwin Czerwick, a.a.O., Berlin 2001, S. 168ff.

50 Vgl. VwVG i.d.F. v. 23.1.2003, BGBl I, S. 1253

51 Gunnar Folke Schuppert, a.a.O., S. 135ff.

52 Schuppert unterscheidet bei Programmformen und Instrumenten des Verwaltungshandelns regulative Programme, Anreizprogramme, Leistungsprogramme, Informations- und Überzeugungsprogramme, (Gunnar Folke Schuppert, a.a.O., S: 135ff.).

Entsprechend kann nach der informationellen Struktur verschiedener Aufgaben unterschieden werden und ergeben sich unterschiedliche Ermessens- und Interpretationsspielräume. Immer bedarf es aber einer rechtlichen Grundlage, einer Ermächtigung für das Verwaltungshandeln, welche sich auch unmittelbar aus dem Grundgesetz ergeben kann.

Verwaltungshandeln zeichnet deshalb einen hohen Kommunikationsbedarf aus, sei es bei der Politikformulierung oder der Politikdurchsetzung, sei es beim Entscheidungshandeln[53].

Die Folge sind Gesetzesentwürfe, Erlasse, Verwaltungsakte oder anderes[54]. Verwaltungsakte sind spezifische Informationen an die Adressaten außerhalb der Verwaltung, ein bestimmtes Verhalten zu tun oder zu lassen. Soweit bestimmte Adressaten außerhalb der Verwaltung nicht bereit sind, ein bestimmtes Verhalten zu praktizieren, gibt es die Möglichkeit für Verwaltungen, ein solches Verhalten zu erzwingen oder die Ersatzvornahme[55].

Allgemein lässt sich feststellen, dass jede Verwaltungsproduktion zunächst und vor allem Informationsaufnahme, -verarbeitung und -verteilung ist. Hinzukommen können bestimmte physische Arbeiten, wie Räumung einer Straße, Müllabfuhr, oder bestimmte Geldtransfers, die Auszahlung einer Sozialhilfe oder die Vereinnahmung von Studiengebühren.

Diese „physischen" Anteile sind unter informationellen Aspekten insoweit wichtig, als Vorsorge zu treffen ist, dass sie „veranlasst", „ausgeführt" und „überprüft" werden. Veranlasst meint, dass die Ergebnisse der Informationsverarbeitungsprozesse zur rechten Zeit in der richtigen Form an den rechten Ort übermittelt werden, um die weiteren Arbeitsschritte zu initiieren.

Soweit sich Verwaltungsarbeit auf Informationsverarbeitung beschränkt, hat das Produkt, auch wenn es nur eine Information ist, meist einen eigenen Status. Es kann ein Gebot, Verbot oder eine Erlaubnis sein, in der rechtlichen Form eines Erlasses, eines Verwaltungsaktes, einer (allgemeinen) Verfügung oder einer Verordnung. Es kann ein Plan[56] sein, es kann ein Informationsaustausch mit mehreren Beteiligten (Moderation) sein, um ein Ergebnis im Konsens zu erreichen. In jedem Fall ist der Informationsverarbeitungsprozess immer ein Zusammenführen von Informationen und Wissen, also beispielsweise Informationen über den Anfall einer bestimmten Menge Müll in einer bestimmten Lage und Wissen über die Abtransportmöglichkeiten, die dabei anfallenden Kosten und die zu erhebenden Gebühren.

---

53 Verwaltungshandeln als Entscheidungshandeln vgl. Gunnar Folke Schuppert, a.a.O., S. 740ff.

54 Hierzu allgemein Hartmut Maurer, a.a.O., S. 178ff., S. 338ff.

55 Weiter zu erwähnen sind der öffentlich-rechtliche Vertrag, der Plan, Subventionen und die rechtlich schwachstrukturierten Handlungsformen wie informales Verwaltungshandeln und schlichtes Verwaltungshandeln. Schließlich auch die Rechtsetzung durch Verwaltungsvorschriften, hierzu Gunnar Folke Schuppert, S. 172ff., 198ff., 213ff., 236ff., 244ff. und 258ff.,

56 Vgl. Peter Badura, a.a.O., S. 588f.

Handelt es sich um die Wahrnehmung aktueller politisch-gesellschaftlicher Probleme, für die es noch keine konkreten Regelungen, aber eine allgemeine Vollmacht und Verantwortung öffentlicher Verwaltungen gibt, handelt es sich im Grunde um die gleiche Vorgehensweise: eine offene Problemsituation in eine verwaltungsmäßig bearbeitbare – oder auch nur in kontrollierbare Vorgänge zu überführen. Es sind die, bezogen auf einen möglichen Regelungsbedarf, notwendigen Informationen zu sammeln, wobei sich der Regelungsbedarf und sein Inhalt aus allgemeinen Vorgaben der Öffentlichkeit und staatlichen Ordnung, des Grundrechtsschutzes, der Erhaltung der natürlichen Lebensbedingungen oder der Notwendigkeit wirtschaftlicher Fördermaßnahmen ergeben kann.

Die Diskussion der Anforderungen, welche den Einsatz der Verwaltungsinstrumente betreffen, hat sich vorweg jeweils mit der Verwaltungsaufgabe/mit dem Verwaltungsprodukt auseinanderzusetzen, die hierfür zu beachtenden Vorschriften zu konkretisieren, um zu bestimmen, mit welchen Mitteln im konkreten Einzelfall, also unter Bezug auf einen bestimmten Adressaten, bestimmte situative Bedingungen, bestimmte Kontextkonstellationen eine Aufgabe zu erfüllen, ein Produkt zu erstellen, etwas zu bewirken ist.

Je stärker die Erledigung von Verwaltungsaufgaben, die Herstellung von Verwaltungsprodukten programmgebunden ist, desto mehr kann die Arbeit informationstechnisch unterstützt oder substituiert werden. Eine starke Programmbindung kann zu „Geschäftigkeit" ohne Wirkung führen. Es bedarf deshalb, um die zu erzielende Wirkung im Blick behalten zu können, immer der Gestaltungsspielräume für das Verwaltungsmanagement und die Verwaltungsmitarbeiterinnen und -mitarbeiter, was auch eine „mitarbeitergerechte" Ausgestaltung der Arbeitsverhältnisse verlangt[57].

Die Organisationsgestaltung ist so ein Instrument der Verwaltung für einen effizienten Produktionsprozess und effektive Leistungen.

2.4. Institutionelle Differenzierung und praktizierte Rechtsstaatlichkeit

2.4.1 Verfassungsrechtliche Einordnung

Öffentliche Verwaltungen unterliegen mehrfachen normativen Bindungen[58]. Was ihre Einrichtung und Organisation betrifft, ergeben sich die Grundlagen aus dem Grundgesetz, aktuell aus spezifischen Einrichtungs- und Aufgabengesetzen und aus Haushaltsgesetzen.

57 Siehe oben 2.1.3

58 Übersichten bei Peter Badura, a.a.O., S. 585ff.

Allgemein kennzeichnet Art. 20 GG die vollziehende Gewalt als eigenständige Organisation zur Ausübung der Staatsgewalt[59]. Art. 20, Abs. 2 bindet sie an die Verfassungsordnung und an die Gesetze (Art. 1, Abs. 3, Art. 20, Abs. 3 GG). Das Grundgesetz regelt Aufgabenzuständigkeiten zwischen Bundes- und Landesebene (Art. 70 ff., 83 ff., GG).

In Art. 83 GG wird ausgeführt, dass Verwaltungsvollzug vor allem Ländersache ist, was entsprechende Verwaltungseinrichtungen voraussetzt. Art. 86 GG anerkennt mittelbar die Einrichtung einer bundeseigenen Verwaltung bzw. bundesunmittelbarer Körperschaften oder Anstalten des öffentlichen Rechts.

Eine wichtige verwaltungsbezogene Vorschrift enthält Art. 33 Abs. 4 u. 5 GG, wonach die Ausübung hoheitsrechtlicher Befugnisse als ständige Aufgabe in der Regel Angehörigen des öffentlichen Dienstes zu übertragen (ist), die in einem öffentlich-rechtlichen Dienst– und Treueverhältnis stehen[60].

Damit ergibt sich eine Einrichtungsgarantie für die öffentliche Verwaltung als vollziehende Gewalt. Aber es ist nur wenig über den notwendigen oder nützlichen Umfang öffentlicher Verwaltungen gesagt[61].

Öffentliche Verwaltungen sind nach dem Funktionenmodell des Grundgesetzes einzurichten, soweit es für die Zuarbeit und Nacharbeit für die gesetzgebende Gewalt (Gesetzesvorbereitung und -ausführung) oder für die rechtsprechende Gewalt (Justiz, Justizverwaltung) erforderlich ist. Das Grundgesetz spricht von vollziehender Gewalt, soweit es sich um eine der Staatsfunktionen im Rahmen des Gewaltenteilungsmodelles handelt, und von Verwaltung, soweit es die Wahrnehmung und den Vollzug von Aufgaben betrifft, denn nur dann „funktioniert" das „Gewaltenteilungs"- oder „Funktionenmodell" des Grundgesetzes.

Im Einzelnen ist zu verweisen auf Art. 36, Abs. 1 GG: „Bei den obersten Bundesbehörden sind Beamte aus allen Ländern in angemessenen Verhältnissen zu verwenden. Die bei den übrigen Bundesbehörden beschäftigten Personen sollen in der Regel aus dem Lande genommen werden, in dem sie tätig sind."

---

59 Erg. Eberhard Schmidt-Aßmann, a.a.O., S. 157ff., S. 175f. („Aus parlamantarischen Vorbehalten und Zugriffsbefugnissen einerseits und administrativen Eigenbereichen andererseits ergibt sich in der Realität des modernen Gesetzgebungsstaates das Bild einer gesetzesdirigierten Verwaltung", S. 176. „Erscheinungsformen administrativer Eigenständigkeit richten sich vor allem nach Aufgabenstruktur und aufgabenspezifischen Erfüllungsmodalitäten", S. 176); Hans Peters, Die Verwaltung als eigenständige Staatsgewalt, Berlin 1965; vgl. auch Theodor Maunz/Reinhold Zippelius, Deutsches Staatsrecht, 30. Aufl. München 1998, § 38 I; Konrad Hesse, Grundzüge des Verfassungsrechts der Bundesrepublik Deutschland, 20. Aufl., Heidelberg 1999, S. 536ff.; Hartmut Maurer, a.a.O., § 1 Rn. 1ff. m.w.N.; Peter Badura, a.a. O., S. 455, S. 585ff..

60 Zur Rechtsprechung des BverfG bei Leibholz/Rinck/Hesselberger, GG, Art. 33 Rz 16ff.

61 Das BverfG spricht von einem „Kernbereich" als Eigenkompetenz der Verwaltung im Gewaltenteilungsmodell, hierzu Herzog in Maunz-Dürig Komm. z. GG, Art. 20 Rdn. 115ff.

Organisatorische und Steuerungsaspekte werden angesprochen in Art. 84, Abs. 1 in Verbindung mit Art. 83 GG und Art. 85 bis 91 GG („Einrichtung der Behörden“, „Verwaltungsverfahren“, „allgemeine Verwaltungsvorschriften“, „bundeseigene Verwaltung“, „bundesunmittelbare Körperschaften“, „Anstalten des öffentlichen Rechtes“, „bundeseigene Verwaltung mit eigenem Verwaltungsunterbau“, „auswärtiger Dienst“, „Bundesfinanzverwaltung“, „Verwaltung der Bundeswasserstraßen“, „Bundeswehrverwaltung“, „Luftverkehrsverwaltung“, „Eisenbahnverkehrsverwaltung“ und andere).

Verwaltung ist so als Annexaufgabe für Regierung, Parlament und Justiz garantiert. Das meint, soweit diese Staatsorgane zur Vorbereitung und Durchführung ihrer Aufgaben administrativer Unterstützung bedürfen, können sie in angemessenem Rahmen solche Einrichtungen schaffen und nutzen z.B. zur Gesetzesvorbereitung, zur Verfahrensbegleitung u.ä.. Art und Umfang ergeben sich aus Organisations-, Verfahrens- und Haushaltsgesetzen sowie ihrer Organsationskompetenz[62].

Das gleiche gilt für die Länderebene.

Verfassungsbestimmungen, welche eine Einrichtungsgarantie beinhalten, ebenso wie jene, welche öffentliche Verwaltungen voraussetzen oder vorsehen, bestimmen eine grundlegende Funktion öffentlicher Verwaltungen für den Bestand und die Entwicklung des politischen Systems im Rahmen seiner institutionellen Differenzierung[63]. Sie konkretisieren sich in ihrem Aufgabenbezug. Sie enthalten Zuständigkeitsregelungen, aber im allgemeinen keine Aussagen über organisatorische Ausgestaltungen, auch nicht über die Leistungstiefe: Hier greifen nur die allgemeinen Maßstäbe der Zweckmäßigkeit, Effektivität und Sparsamkeit, soweit keine einzelgesetzlichen Bestimmungen vorliegen. Es bleibt offen, ob und in welchem Umfang der Staat (hier verstanden als organisatorische Gesamtheit von Bund, Ländern und Gemeinden sowie anderen verfassungsrechtlich begründeten öffentlich-rechtlichen Körperschaften und Anstalten) durch eigene Einrichtungen zu handeln hat – abgesehen von den Aufgaben nach Art. 33, Abs. 3 GG und die Bestimmungen in Art. 86, 87ff. GG und vergleichbare landesverfassungsrechtliche Regelungen – oder ob er durch Beleihung, Beauftragung oder vertragliche Vereinbarungen Aufgaben von sonstigen Einrichtungen erledigen lassen kann und über Verfahrensregelungen und Vereinbarungen die Praxis der Grundrechte und der übrigen Verfassungs- und Gesetzesbestimmungen gewährleistet[64].

Die Einrichtung öffentlicher Verwaltungen und die Ausführung von Aufgaben durch öffentliche Verwaltungen ist jedenfalls geboten, wenn anderenfalls die Grundrechtsbindung und die Grundrechtsrealisierung nicht ge-

---

62 Leisner spricht von den Aufgaben des Gesetzesvollzuges, aber auch der Gesetzesergänzung und Gesetzesverfeinerung, Walter Leisner a.a.O., S. 83ff.

63 Klaus Grimmer, Institutionelle Differenzierung des Regierungssystems, in: Raban Graf von Westphalen (Hsg): Deutsches Regierungssystem, München/Wien 2001, S. 189-204 (S. 194f.)

64 Deutlich wird dies für die Kommunen in Art. 28, Abs. 2 GG (kommunale „Altzuständigkeit“)

währleistet sind, wie sich aus Art. 20 Abs. 3 und Art. 1 Abs. 3 GG ergibt, wenn anderenfalls der politische Systemzusammenhang nicht hergestellt, selbstreferentielle Systementwicklungen nicht erfolgen können. Das gleiche gilt, wenn Staatsaufgaben nicht oder nicht in der gebotenen Weise erfüllt werden. Art und Umfang der verfassungsrechtlich gebotenen oder möglichen Aufgaben bestimmen sich aus den Grundrechten und der Kompetenzordnung des Grundgesetzes und den darauf bezogenen einzelgesetzlichen Bestimmungen[65].

Die Grundrechte sowie das Demokratiegebot und das Sozialstaatsprinzip sind in Verbindung mit dem Rechtsstaatsprinzip[66] verfassungsrechtliche Vorgaben für die Relevanz bestimmter Problemlagen und Themata (z.B. Realisierung des Gleichheitsgebotes oder Gewährleistung der Berufsfreiheit) für das Verwaltungshandeln[67]. Der mit den Grundrechten umrissene Freiheitsbereich, das beinhaltet sowohl individuelle Gestaltungskompetenzen als auch die Gewährleistung bestimmter Einrichtungen (Einrichtungsgarantien, z.B. Privateigentum), darf durch Verwaltungshandeln nicht in einer grundrechtswidrigen Weise gebunden oder aufgehoben werden[68].

Handlungspflichten ergeben sich mittelbar aus den genannten Freiheitsrechten[69], soweit es z.B. um die Vermittlung menschenwürdiger Lebensbedingungen geht, oder aus Art. 3 GG – Gleichheitsgrundsatz –, soweit es die Vermeidung unzulässiger Differenzierungen und Ungleichbehandlungen betrifft, ebenso aus Art. 7 GG bezüglich der Einrichtung des Schulwesens, der Zulassung privater Schulen dabei und der staatlichen Verantwortung hierfür. Es ist vor allem Sache der öffentlichen Verwaltungen, die politische Praxis der Grundrechte zu vermitteln und zu sichern.

Aus den Grundrechten und dem Rechtsstaatsprinzip ergeben sich so materielle Verpflichtungen und Grenzen für die Tätigkeit öffentlicher Verwaltungen. Grenzen ergeben sich vor allem aus der Gewährleistung von Menschenwürde, Freiheit und Entfaltung der Persönlichkeit, Glaubens-, Gewissens- und Bekenntnisfreiheit, Meinungs-, Informations- und Pressefreiheit, Versammlungs- und Vereinigungsfreiheit, Berufsfreiheit und den Schutz des Brief-, Post- und Fernmeldegeheimnisses sowie die Gewährleistung von Freizügigkeit und dem Schutz des Eigentums und aus dem Asylrecht[70].

---

65 Grundlegend Hans Peter Bull, Die Staatsaufgaben nach dem Grundgesetz, 2. Aufl. Kronberg/Ts, 1977, S. 99ff., 211ff. Nach Leisner ist die öffentliche Verwaltung auch „Förderungsgewalt" im sozialen und wirtschaftlichen Bereich, Walter Leisner, a.a.O., S. 170

66 Hierzu näher Karl-Peter Sommermann, a.a.O., S. 102ff.

67 Näher hierzu Detlef Merten, Grundrechtsorientiertheit des Verwaltungshandelns, in: Karl-Peter Sommermann/Jan Ziekow (Hsg.): Perspektiven der Verwaltungsforschung, Berlin 2002, S. 211-222

68 Hierzu Hans-Peter Bull, Wandel der Verwaltungsaufgaben, a.a.O., S. 85f.

69 Insgesamt hierzu Klaus Grimmer, Demokratie und Grundrechte, Berlin 1980, S. 244ff.

70 Karl-Peter Sommermann, a.a.O., S. 105ff.

Die unmittelbare Grundrechtsbindung des Verwaltungshandelns unterscheidet dieses wesentlich von privaten bzw. privatwirtschaftlichen Einrichtungen. Für diese gilt zwar auch die Grundrechtsbindung, soweit sie in Verantwortung öffentlicher Verwaltungen tätig werden, da diese sich nicht durch eine Aufgabendelegation ihrer verfassungsrechtlichen Pflichten entziehen können. Ansonsten gibt es aber nur die sogenannte Drittwirkung der Grundrechte, d.h. private oder privatwirtschaftliche Einrichtungen haben in der Ausfüllung von Generalklauseln und in der Wahrnehmung von Ermächtigungsspielräumen den Wertgehalt des Grundgesetzes zu realisieren. Die Kennzeichnung von Aufgaben als öffentlichen, welche von öffentlichen Verwaltungen als staatliche wahrzunehmen sind, verleiht diesen einen besonderen Status – ihre Wahrnehmung unterliegt nicht privatvertraglicher Beliebigkeit, sondern sie sind grundgesetzkonform zu erledigen. Damit kommt nicht nur eine inhaltliche Wertigkeit in die Art und Weise der Aufgabenerledigung, sondern indem sie den Verfassungsanforderungen unterliegen, kommt solchen Aufgaben und ihrer Erledigung eine über die Verfassung vermittelte integrative, systembildende und systemstabilisierende wie auch eine ausgleichende und gemeinwohlorientierte Bedeutung zu[71].

Das Grundgesetz enthält so Vorgaben für öffentliche Verwaltungen in mehrfacher Hinsicht: Eine Einrichtungsgarantie, Zuweisung eines Grundbestandes an Aufgaben und inhaltliche Bestimmungen für die Art und Weise ihrer Erledigung (Verfahren). Hinzu kommen strukturelle Festlegungen zum Personal von öffentlichen Verwaltungen. Sie ist in die Bundes-, Landes- und Kommunalebene gegliedert. Über die Verfassung – und nur über diese – wird ein Zusammenhang der vielfältigen Verwaltungen und Verwaltungsorganisationen, wird eine „Einheit der Verwaltung“ gestiftet.

Eine Verfassungsinterpretation greift allerdings zu kurz, die nur darauf abstellt, dass sich unser politisches System so entwickelt hat, dass die bestehende öffentliche Verwaltung Bedingung für seine Bestands- und Entwicklungsfähigkeit ist. Insbesondere sind aus der Verfassung kaum konkrete Ableitungen für Umfang, Größe und Organisation von Verwaltungseinrichtungen möglich. Es ist auch nach der Zulässigkeit anderer Gestaltungen und Entwicklungen zu fragen.

Die Aufgabenstellungen für öffentliche Verwaltungen hängen immer vom Staatsverständnis und den etablierten Herrschaftsstrukturen und Herrschaftsinteressen ab – sei es die Bürokratisierung im Zusammenhang mit der Verrechtlichung und administrativen Durchdringung von Raum und Gesellschaft, seien es die Differenzierung und Verselbständigung von einzelnen Verwaltungseinheiten im Zusammenhang mit der Diversifikation der verschiedenen Politikfelder, sei es die Auflösung überkommener Strukturen im Zusammenhang mit der Priorisierung ökonomischer Kriterien einerseits, einer neuen liberalen Emanzipationsbewegung im ökonomischen und sozialen Bereich bei gleichzeitiger Steigerung der Sicherheitsbedürfnisse andererseits.

71 Vgl. auch Konrad Hesse, a.a.O., S. 153 f

2.4.2 Kommunalverwaltungen im besonderen

Eine spezifische Art von Verwaltung[72], die kommunale Selbstverwaltung, wird in Art. 28, Abs. 2 GG garantiert: Den „Gemeinden muss das Recht gewährleistet sein, alle Angelegenheiten der örtlichen Gemeinschaft im Rahmen der Gesetze in eigener Verantwortung zu regeln. Auch die Gemeindeverbände haben im Rahmen ihrer gesetzlichen Aufgabenbereiche nach Maßgabe der Gesetze das Recht der Selbstverwaltung. Die Gewährleistung der Selbstverwaltung umfasst auch die Grundlagen der finanziellen Eigenverantwortung ...":

Selbstverwaltung wird im Grundgesetz „vielfach als diejenige Tätigkeit aufgefasst, die der eigenverantwortlichen Erfüllung solcher Aufgaben dient, die in der selbständigen, d.h. weisungsfreien Anwendung und Durchführung von Normen oder in der Anstrebung von Zielen in einem von Normen nicht gebundenen Bereich durch eigene, vom Staat unabhängige Organe bestehen"[73]. Die verfassungsrechtliche Literatur diskutiert in den letzten Jahren vor allem die Frage einer Bestandsgarantie, sei es für die einzelnen Kommunen, sei es für kommunale Aufgaben[74]. „Bei der Bestimmung dessen, was zum Wesen der Selbstverwaltung und damit zu dem Bereich gehört, der durch die Verfassung gegen jede gesetzliche Schmälerung gesichert ist, muss der geschichtlichen Entwicklung und den verschiedenen historischen Erscheinungsformen der Selbstverwaltung in einem gewissen Ausmaß Rechnung getragen werden...". Mit diesem Begriff wurde (in der preußischen Städteordnung von 1808) vor allem die Vorstellung verbunden, dass eine Gemeinde all das in ihre Wirksamkeit einbeziehen durfte, „was die Wohlfahrt des Ganzen, die materiellen Interessen und geistige Entwicklung der Einzelnen fördert, ohne hierfür eines speziellen Kompetenztitels zu bedürfen... Dabei sind als Angelegenheiten des örtlichen Wirkungskreises solche Aufgaben zu verstehen, die in der örtlichen Gemeinschaft wurzeln oder auf sie einen spezifischen Bezug haben und von ihr eigenverantwortlich und selbständig bewältigt werden können ... die also den Gemeindeeinwohnern gerade als solchen gemeinsam sind, indem sie das Zusammenleben und -wohnen der Menschen in der (politischen) Gemeinde betreffen; auf die Verwaltungskraft der Gemeinde kommt es hierfür nicht an. Hiernach gehört zum Wesensgehalt der gemeindlichen Selbstverwaltung kein gegenständlich bestimmter oder nach feststehenden Merkmalen bestimmbarer Aufgabenkatalog, wohl aber die Befugnis, sich alle Angelegenheiten der örtlichen Gemeinschaft, die nicht durch Gesetz bereits anderen Trägern öffentlicher Verwaltung übertragen sind, ohne besonderen Kompetenztitel anzunehmen – „Uni-

72 Walter Leisner, a.a.O., S. 215ff.

73 Maunz/Scholz in: Maunz-Dürig Komm.z.GG, Art. 28, Rdnr. 44; zu historischen Wurzeln und zur Selbstverwaltungsgarantie des Grundgesetzes vgl. auch Leibholz/Rinck/Hesselberger Art. 28 Rz. 181-194

74 Hierzu Maunz/Scholz in: Maunz-Dürig, Komm.z.GG, Art. 28, Rdnr. 45

versalität der gemeindlichen Wirkungskreise"[75]. Es liegt auf der Hand, dass diese Angelegenheiten keinen ein für allemal feststehenden Aufgabenkreis bilden; „ebenso ist deutlich, dass dieser auch nicht für alle Gemeinden unerachtet etwa ihrer Einwohnerzahl, flächenmäßigen Ausdehnung und Struktur gleich sein kann..."[76] Während eine Bestandsgarantie verneint wird, gilt die Erhaltung eines Kernbestandes (Wesensgehaltes) als gesichert[77], ohne dass dieser Kernbestand bzw. Wesensgehalt im Grundgesetz näher definiert wird. (Aufgabe der Kommunen ist es also, ihre Auskömmlichkeit und ihre Entwicklungsfähigkeit zu sichern[78].)

Es ist auffallend, dass die Verantwortung der Kommune für eine „nachhaltige Entwicklung" im Sozial-, Umwelt- und Wirtschaftsbereich in diesem Zusammenhang nur wenig diskutiert wird[79].

Die „Universalität des gemeindlichen Wirkungskreises" bedeutet nicht, dass die Kommunen alles das, was sie verwirklichen wollen, selbst tun. Im Gegenteil, aus ihrer Verantwortung gegenüber den Gemeindeangehörigen und der Vielfalt ihrer jeweiligen Aufgaben sind sie gehalten, diejenige Erledigungsform zu wählen, welche zweckmäßig, bürgerfreundlich und sparsam ist unter Beachtung der einschlägigen rechtlichen Regelung[80].

Die Problematik der Kommunen stellt sich allerdings heute anders: Nicht welche Aufgaben sie wahrnehmen dürfen, sondern wie sie die Aufgabenwahrnehmung, welche sie aus rechtlichen oder politischen Notwendigkeiten zu leisten haben, finanzieren[81]. Dies vor allem deshalb, weil sich die Anforderungen an kommunales Handeln in den letzten Jahren erheblich erweitert haben[82]. Es sind vor allem zwei Aufgabenbereiche, die heute vielfältige Aktivitäten der Kommunen erfordern. Dies ist zum einen die Existenzsicherung für die Bürger – sei es durch Sozialleistungen, sei es durch Arbeitsplatzbeschaffungsmaßnahmen. Hier reicht die Handlungsmöglichkeit und -notwendigkeit von Leistungen im strikten Gesetzesvollzug (Sozialhilfe) bis zu eige-

75 Leibholz/Rinck/Hesselberger, GG, Art. 28 Rz. 206, 209 mit Nachweis der Rechtsprechung des BVerfG.

76 Leibholz/Rinck/Hesselberger, GG, Art. Rz. 221, 222 m. Rsp.d.BVerfG.

77 Maunz in Maunz-Dürig, Komm.z.GG, Art. 28, Rdnr. 53; eher einschränkend Peter Badura, a.a.O., S. 356f.

78 Zu Eigenverantwortlichkeit als Pflicht Maunz in Maunz-Dürig, Komm. z. GG, Art. 28 Rdnr. 66

79 Vgl. hierzu Michael Kopatz, Über die Bedeutung der Verwaltungsmodernisierung für die zukunftsfähige Entwicklung der Städte und Gemeinden, in: ders. (Hsg.): Reformziel Nachhaltigkeit. Kommunen als Mitgestalter einer nachhaltigen Entwicklung, Berlin 2003, S. 7-20 (S. 16).

80 Vgl. Jens Libbe/S. Tomerins/J.H. Trappe (Hsg.): Liberalisierung und Privatisierung kommunaler Aufgabenerfüllung, Berlin 2002

81 Ver.di (Hsg.): Kommunalfinanzen in Deutschland und Europa – Stand, Debatte und Alternativen, Berlin 2003

82 Einen guten Überblick über die vielfältigen Aufgaben- und Handlungsfelder kommunaler Politik und Verwaltung bieten Roland Roth/Hellmut Wollmann (Hsg.): Kommunalpolitik Opladen 1994, S. 314ff

nen innovativen Maßnahmen[83]. Die Alterung der Bevölkerung verlangt beispielsweise nicht nur eine Infrastrukturentwicklung für ambulante und stationäre Pflege, sondern auch eine nachhaltige Sicherung der Pflegebereitschaft mit Auswirkungen für das kommunale Planungsverständnis und die Kommunalpolitik.

Noch vielfältiger ist der zweite Bereich. Er kann umschrieben werden mit Gestaltung des „öffentlichen Raumes", mit der Sicherung gemeindlichen Zusammenlebens und der Bereitstellung eines vielfältigen Angebotes von kulturellen, sportlichen, sozialen, jugendbezogenen und freizeitbezogenen Einrichtungen ebenso wie die Realisierung von Symbolik als Mittel der Integration und der Idenditätsvermittlung. Zu nennen sind in diesem Zusammenhang auch die Anforderungen an die Kommunen, welche sich mit der Aufgabe der Integration der Ausländer oder dem Herstellen einer allgemeinen Kommunalität verbinden. Je stärker individuelle und freigesellschaftliche Gestaltungsmöglichkeiten begrenzt sind, je mehr bedarf es der kommunalen Anleitung und Förderung. Je stärker die Bedeutung von Umweltbezügen und „Urbanität" für die Vergesellschaftung der Individuen zunimmt, je mehr bedarf es darauf bezogener Maßnahmen, um einen friedlichen und freiheitlichen Ausgleich zu erreichen.

Zu nennen sind in diesem Zusammenhang auch die Herausforderungen, welche sich für die Kommunen, ihre Koordinations- und Gestaltungsfähigkeit aus der lokalen Agenda 21 ergeben[84].

Naturgemäß verbinden sich diese und andere Aktivitäten der Kommunen mit einer Vielzahl auf unterschiedliche Adressaten (Vereine, Kultureinrichtungen, Jugendeinrichtungen, Freizeitangebote u.v.m.) bezogene finanzielle oder organisatorische Subventionierungen.

Die Legitimation zum Engagement der Kommunen in neuen Aufgabenbereichen ergibt sich aus der genannten „Allzuständigkeit". Eine Vielzahl der so genannten neuen Kommunalaufgaben ist nicht mit den überkommenen Erledigungsformen wie Gebot, Verbot, Erlaubnis oder (Infrastruktur-)Leistung und Planung zu bewältigen, sondern verlangt spezifische Handlungsformen. Die Wahrnehmung der kommunalpolitisch gebotenen oder relevanten Problemlösungen ermöglicht oft nicht, sie unmittelbar in beschlussfähige Maßnahmen zu übersetzen, sondern fordert neue Handlungsmodalitäten wie organisatorische Unterstützung, Moderation, Anregung, Information, Kooperation (z.B. mit Verbänden) und andere Formen von „Innovativem Policymaking"[85]. Die genannten und anderen Handlungsweisen bedürfen wiederum

83 Neue Aufgaben für die Kommunen und organisatorisch-strukturelle Probleme ergeben sich aus der Verbindung von Arbeitslosengeld II und Sozialhilfe nach dem „Hartz-Reformmodell.

84 Vgl. lokale Agenda 21 und nachhaltige kommunale Entwicklung: In difu-Berichte 1/2003, S. 16-19; Christian Tausch, Der Beitrag der Kommunen für die lokale Agenda 21, in: Michael Kopatz (Hsg.), a.a.O., S. 251-268

85 Stefan Kuhlmann/Ruud Smitz/Frieder Meyer-Kramer, Karlsruhe-Utrecht Principles for Horizontal and Systemic Innovation Policymaking, Karlsruhe Fraunhofer-ISI 2003

der organisatorischen Absicherung (hier bietet sich ein vielfältiges Spektrum von Arbeitskreisen, Runden Tischen über Projektorganisationen bis zu Public-Private-Partnerships u.a. an).

Das Leitbild der „kommunalen Selbstverwaltung“ wandelt sich. Es geht nicht mehr darum, in Honoratiorenart kommunal sinnvolle Leistungen zu produzieren, sondern in der Interaktion von Bürgern, kommunalen Vertretungsorganen und Verwaltungsorganisationen Kommunen als Ort der Realisierung von Lebenswelt, der Idenditätsvermittlung und der Solidarität zu gestalten.

Mäding schlägt vor, dass sich Kommunen angesichts der vielen neuen Anforderungen an sie auf die Gewährleistung lokal bedeutsamer Infrastrukturangebote und personenbezogener Dienstleistungen, die hohheitlichen Aufgaben von Sicherheit und Ordnung sowie die räumliche Planung konzentrieren sollten[86].

Veränderungen in der Aufgabenstellung und in dem Selbstverständnis der Kommunen werden deutlich im Leitbild „Die Stadt der Zukunft“ des Deutschen Städtetages[87]. Das Leitbild gliedert sich in Grundwerte (lokale Autonomie, Demokratie und Bürgerorientierung, Partizipation und Integration, ganzheitliche Verantwortung, Beschränkung der Aufgaben und der Gestaltungsansprüche) und in Ziele der Stadtpolitik (Demokratie stärken, Grundversorgung sichern, Dienstleistungen verbessern, Integration leisten, Wirtschaft und Arbeit fördern), und in einen zweiten Teil Strategien zur Umsetzung des Leitbildes.

Die angesprochenen neuen Aufgaben und Erledigungsformen bedeuten nur selten eine Entlastung von herkömmlichen Verwaltungsaufgaben, sondern vermehren diese. Häufig sind dabei Drittmittel zu verwalten, zweckentsprechend einzusetzen und abzurechnen. Organisatorische Maßnahmen sind vorzubereiten und Bürgerbeteiligung ist zu organisieren – womit sich im allgemeinen ein großer Zeitbedarf verbindet. Letztlich zielen eine Vielfalt der Maßnahmen auf Realisierungsformen einer „Bürgergesellschaft“, d.h. eines bewussten Mitgestaltens öffentlicher – seien es nachbarschaftliche, gemeindliche oder sozial- und kulturgruppenspezifische – Angelegenheiten durch die Bürger[88]. Die zu wählenden Organisationsformen haben sich an Inhalt und

---

86 Heinrich Mäding, Gemeindefinanzreform in Deutschland, in: difu-Informationen 1/2003, S. 2-3; zu Schwerpunkten kommunaler Politik und Planungspraxis am Beispiel Nordrhein-Westfalen vgl. Schwerpunke kommunaler Politik und Planungsparxis, in: difu-Informationen 1/2003, S. 23

87 Deutscher Städtetag, Die Stadt der Zukunft, Beschluss der 32. Ordentlichen Hauptversammlung des Städtetages, Mai 2003 in Mannheim

88 Beispiele hierzu in Aktive Bürgerschaft e.V. aktuell 1/2003, vgl. auch Aktive Bürgerschaft e.V. aktuell 2/2003; Paul von Kodolitsch, Die Debatte um Bürger und Kommunalverwaltung – eine „endlose Geschichte“?, in: DfK 2002/II, S. 7-21; Hellmut Wollmann, Die Bürgergemeinde – Ihr Doppelcharakter als politische Kommune und (zivil-) gesellschaftliche Gemeinde, in: DfK 2002/II, S. 23-43; erg. Wulf Damkowski/Anke Rösen, Auf dem Weg zum Aktivierenden Staat, Berlin 2003; Helmut Klages, Freiwilliges bürgerschaftliches Engagement im kommunalen Raum, in: DfK 2002/II, S. 83-

Struktur der Aufgaben und an den notwendigen Kooperationsbeziehungen zu orientieren.

Ein Spannungsverhältnis besteht zwischen der Idee der kommunalen Selbstverwaltung und der Arbeit der Kommunalverwaltungen. War es ursprünglich die Idee der kommunalen Selbstverwaltung, dass jedes kommunale Handeln im Bereich der Selbstverwaltung unmittelbar bürgerschaftlicher Entschließung folgt, hat sich die kommunale Verwaltungsarbeit zunehmend verselbständigt. Dies ist nicht nur in der Struktur und Arbeitsweise der Kommunalverwaltungen, sondern auch in der Vielschichtigkeit und Komplexität neuer kommunaler Aufgaben begründet. Das neue Steuerungsmodell, wie es von der KGSt entwickelt wurde, sieht deshalb auch vor, dass die Kommunalparlamente politische Vorgaben, Ziele und die Finanzierung ihrer Umsetzung beschließen, sich aber nicht mit allen Einzelheiten der Aufgabenerledigung befassen. Dies sei Aufgabe der Kommunalverwaltung. Vereinfacht wurde es auf die Formel gebracht, die Parlamente entscheiden über das „Was", Sache der Kommunalverwaltung sei das „Wie". Letztlich aber ist eine Erweiterung der Aufgaben, Aufgabeninhalte und Handlungsformen für die Kommunalverwaltungen festzustellen, was ihre Eigenfunktionalität und Systemfunktionalität im politischen Raum stärkt. Kommunalverwaltungen werden zu „Partnern" der Bürger und freien gesellschaftlichen Vereinigungen im kommunal gebundenen oder vermittelten Lebensvollzug.

2.5 Grund- und Metafunktion

2.5.1 Institutionelle Prägung von Verwaltungsorganisationen

Die Art und Weise der Aufgabenwahrnehmung und -erledigung öffentlicher Verwaltungen erfolgt nicht allein entlang rationaler, normativ vorgegebener Programme, sondern ist institutionell geprägt. Verwaltungsorganisationen gewinnen ihre Funktionsfähigkeit als Institutionen[89]. Sie entwickeln ihre eigenen Lebens- und Überlebensformen, indem sie rechtliche Vorgaben und praktische Funktionserfordernisse, Eigen- und Umweltinteressen – und hierzu gehören sowohl politische Leitbilder als auch Kundenbedürfnisse – in ei-

107 weist darauf hin, dass solche neuen Beteiligungsformen im Zusammenhang mit dem gesellschaftlichen Wertewandel zu sehen sind, und die Entwicklung einer „Anerkennungskultur" erfordern.

89 Näher hierzu Wolfgang Gerstlberger/Klaus Grimmer/Thomas Kneissler, Institutionelle Leistungsfähigkeit von Verwaltungsorganisationen, Baden-Baden 1997; Klaus Grimmer, Practical Rationality or Instrumental Rationality, in: Informatisation and Public Sector (1994), H. 3/4 S. 325-351; erg. Gerhard Göhler/Reiner Kühn, Institutionenökonomie, Neo-Institutionalismus und die Theorie politischer Institutionen, in: Thomas Edeling u.a. (Hsg.): Institutionenökonomie und neuer Instiutionalismus, Opladen 1999

genständige Organisations- und Verhaltensweisen (Werte) übersetzen. Gleichzeitig bestehen gesellschaftliche Zuordnungen in Erwartungen auf Problemwahrnehmungs- und Problemlösungsfähigkeit an einzelne Organisationen. Verwaltungsorganisationen stehen im Spannungsfeld und sind gleichzeitig das Spannungsfeld von gesellschaftlicher und institutioneller Wirklichkeit[90]. Verwaltungsorganisationen sind gesellschaftlich und politisch rückgebunden und sichern so ihre Leistungsfähigkeit[91], weil Außenanforderungen innen verarbeitet werden, d.h. Teil des institutionellen Verhaltens der Organisationsmitglieder werden. Verwaltungsorganisationen verfolgen in der Selbstgestaltung weniger eine instrumentelle, sondern mehr eine praktische Rationalität[92].

Die institutionelle Prägung oder anders ausgedrückt die Institutionalisierung von Verwaltungsorganisationen betrifft nicht nur die Art und Weise der Problemwahrnehmung und Aufgabenerledigung sowie die Repräsentation in der Öffentlichkeit, sondern auch ihre Steuerung. Verwaltungsorganisationen zeichnet ein hohes Maß an Selbststeuerung aus. Natürlich bestimmen dabei mit politische Rahmenbedingungen wie Rechtsform (Amt/Behörde, Anstalt oder Körperschaft), Menge und Qualität der Aufgaben, verfügbares Personal und sein (besoldungsmäßiger) Status (was gleichzeitig über Qualifikationen und mögliche Hierarchieebenen entscheidet), verfügbare IuK-Technik und andere sächliche Ressourcen sowie damit gegebene Kommunikations- und Kooperationsformen mit anderen Verwaltungen oder gesellschaftlich-ökonomischen Einrichtungen und Verfahrensregeln sowie Beteiligungen die Verhaltensweisen der Mitglieder einer Verwaltungsorganisation als Ergebnis ihrer Institutionalisierung.

Allerdings können Verwaltungen nur immer bestimmte, auf sie bezogene politische Steuerungsdaten gleichzeitig verarbeiten und sich entsprechend anpassen. Ergibt sich eine Überlastung durch viele, unter Umständen widersprüchliche Anforderungen, reduziert sich die Anpassungsfähigkeit auf den kleinsten gemeinsamen Nenner aus institutionell geprägtem Verhalten der Organisation und neuen Umweltanforderungen[93]. Verwaltungen sind als Institutionen im begrenzten Ausmaß veränderungsresistent, was aber auch ihre Leistungsfähigkeit in „schweren Zeiten“ sichert[94]

---

90 J.R. Searle, Geist, Sprache und Gesellschaft, Frankfurt/M. 2001, S. 134

91 Erg. Niklas Luhmann, Die Politik der Gesellschaft, Frankfurt/M. 2000, S. 229

92 Vgl. auch Klaus Türk, Organisation und moderne Gesellschaft, in: Thomas Edeling u.a. (Hsg.), a.a.O., Opladen 1999, S. 43ff. (S. 66f.)

93 Zur Schwierigkeit radikaler Transformation von Organisationen Rudolf Wimmer, Wider den Veränderungsoptimismus. Zu den Möglichkeiten und Grenzen einer radikalen Transformation von Organisationen, in: Soziale Systeme 5 (1999), H. 1, S. 159-180

94 Erwin Rothgang, Verwaltungsmodernisierung als Voraussetzung für eine Strategie nachhaltiger Stadtentwicklung, in: Michael Kopatz (Hsg.), a.a.O., S. 269-291 (S. 271); erg. Martin Schulz/Nikolaus Beck, Die Entwicklung organisatorischer Regeln im Zeitverlauf, in: Jutta Allmendinger/Thomas Hinz (Hsg.), a.a.O., S. 119-150

Die konkrete Ausgestaltung der Organisation ist Sache der einzelnen Verwaltung und ihrer (politisch-)administrativen Leitung: Dies betrifft sowohl den Einsatz des Personals in Arbeits- und Kontrollbereichen, die konkret einverlangten Qualifikationen, die Ausgestaltung der Ablauf- und Arbeitsorganisation sowie der Informationsorganisation – während die Aufbauorganisation stärker extern bestimmt ist. Damit und durch die Etablierung bestimmter Leitbilder wird die Ausbildung einer Binnenkultur[95] (Arbeitsverständnis, Arbeitsplatzqualität, Kommunikationsformen u.ä.), mit beeinflusst, welche sich unmittelbar auf die institutionelle Prägung und damit auf die Arbeits- und Produktionsleistungen auswirkt.

2.5.2 Bindung und Verantwortung

Im Extrem stehen sich zwei Ansichten gegenüber: Einerseits die rechtliche Gebundenheit der Verwaltung, wie sie auch im Begriff der „vollziehenden Gewalt" zum Ausdruck kommt[96].

Andererseits die Freiheit der Verwaltung, nicht nur als Ermessensfreiheit bei einzelnen Aufgaben und ihrer Erledigung und als Organisationsfreiheit, sondern auch als rechtlich nur weit eingerahmte Eigenkompetenz in der Problemwahrnehmung und ihren Erledigungsformen[97], insbesondere im Kommunalbereich. Hier ist diese eng verbunden mit einer Vielzahl neuer Anforderungen an die Kommunalverwaltungen[98].

Die politische Eigenfunktionalität öffentlicher Verwaltungen hat in den letzten Jahren zugenommen. Dies ist nicht nur im quantitativen und qualitativen Anwachsen der Verwaltungsaufgaben bei gleichzeitig verminderter politischer Steuerung, sondern auch in einer zunehmenden Emanzipation der Beschäftigten bei gleichzeitig hoher qualitativer Leistungsfähigkeit begründet. Nicht mehr Orientierung an einer abstrakten Staatsautorität und Staatsraison bestimmen deren Einstellung, sondern Orientierung an individuellen oder gesellschaftlichen Bedürfnissen und Problemen, zu deren Bewältigung die Verwaltungen Beiträge zu leisten haben.

Die Stärkung der Eigenfunktionalität ist natürlich nicht nur Folge der Entwicklungen innerhalb der öffentlichen Verwaltungen, insbesondere der Kommunalverwaltungen. Es zeigt sich zunehmend, dass demokratische Gesellschaften eines Ordnungsrahmens bedürfen. Und zwar nicht nur als rechtliche Ordnung, sondern auch als Gestaltungsmacht, d.h. als eine Einrichtung, welche in unterschiedlichen, zumal lokalen Problemlagen Befriedungsmöglichkeiten entwickelt und Leistungen bereitstellt. Es geht um einen Ord-

95 Vgl. in diesem Zusammenhang Rudolf Fisch, Organisationskultur von Behörden, in: Klaus König (Hsg.): Deutsche Verwaltung an der Wende zum 21. Jahrhundert, Baden-Baden 2002, S. 449-468
96 Hierzu oben 2.4.1. und 2.4.3
97 Vgl. etwa Peter Badura, a.a.O., S. 590f., 601ff.
98 Hierzu oben 2.4.2

nungsrahmen, welcher nicht ständig hinterfragt wird, sondern politisch bestimmt ist und insbesondere kommunale Politik initiativ im Prozess und innovativ in der Praxis der Ergebnisse gewährleistet[99].

Die Eigenfunktionalität erfährt ihre Legalität aus der verfassungsrechtlichen Ordnung, ihre Legitimität im gesellschaftlichen Bedarf und in den Funktionsbedingungen des politischen Systems. Diese beziehen sich weniger auf Aufgabengesetze und Organisationsgesetze und -formen, auf Verfahrensregeln und einzelne Arbeitsleistungen, sondern mehr auf die öffentlichen Verwaltungen als Institutionen. Dieser Praxisbezug zeigt sich letztlich in der Art und Weise, wie öffentliche Einrichtungen genutzt werden, wie mit ihnen kommuniziert wird und welche Handlungsmodi der Verwaltungen gefragt sind. Dass dies wiederum Rückwirkungen auf die Beschäftigten in öffentlichen Verwaltungen und ihr Selbstverständnis und damit auf den Prozess der Institutionalisierung hat, ist offensichtlich.

2.5.3 Politisch-gesellschaftliche Rückwirkungen von Verwaltungsstrukturen

Öffentliche Verwaltungen als Organisationen und Institutionen nehmen gesellschaftliche Strukturen auf und haben eine strukturierende Wirkung in die Gesellschaft.

Dem Ausweis bestimmter Probleme als politischen und ihre Bearbeitung durch öffentliche Verwaltungen im weiteren Sinne entspricht die Differenzierung in öffentlich und privat. Diese Differenzierung wirkt in die Gesellschaft über die damit verbundenen Bedeutungszuerkennungen, Zuständigkeiten und spezifischen Erledigungsformen.

Die Zuständigkeit einzelner Verwaltungen oder Verwaltungsstellen für bestimmte Probleme und Aufgaben, für bestimmte Politikfelder oder Teile eines Politikfeldes bewirkt nicht nur eine dialogisch-interaktive Zuordnung von Verwaltung und Publikum, sondern sie strukturiert und umgrenzt solche Politikfelder oder Teile davon, verleiht ihnen eine gewisse Stabilität. Individuen, gesellschaftliche Gruppen wie auch Assoziationen und Organisationen gewinnen öffentliche, staatliche Adressaten. Innerhalb dieser Zuordnungsverhältnisse erfolgt nicht nur die Erledigung bereits als öffentlich ausgewiesener und rechtlich bestimmter Aufgaben, sondern auch die Wahrnehmung problemhaltiger Situationen und gegebenenfalls ihre Übersetzung in durch Verwaltungen bearbeitungsfähige Probleme[100].

---

99 Es handelt sich um eine Art „Reservegewalt", unmittelbar und mittelbar über Selektionsformen und Qualifikationsanforderungen für Personal und Organisation und über Haushaltsbeschlüsse gewährleistet.

100 Türk spricht von einer Doppelfunktion von Organisationen: Abschirmung gegen ein durch sie definiertes Außen als auch Sicherung gesellschaftlich etablierter institutioneller Muster gegen die „internen Triebkräfte" menschlicher Interaktion. (Klaus Türk, Organisation und moderne Gesellschaft, in: Thomas Edeling u.a. (Hsg.), a.a.O., S.

Gesellschaftlich strukturierende Effekte ergeben sich nicht allein aus der Aufgabenverantwortung spezifischer Verwaltungen, sondern auch durch die Art und Weise der Erledigung – sei es durch Anordnung oder Beteiligung, Kooperation oder Vollzug – und durch Art und Ausmaß der Beteiligung.

Die arbeitsteilige, systemisch verbundene Organisation öffentlicher Verwaltungen hat zur Folge, dass öffentliche Verwaltungen vermittelt durch ihren verfassungsrechtlichen Status Netzstrukturen entwickeln und so einen input- und output-orientierten Zusammenhang herstellen. Die Zuordnung der einzelnen Verwaltungen oder Verwaltungseinheiten zu bestimmten individuellen oder gesellschaftlichen Problemlagen einerseits, die arbeitsteilige Organisation andererseits bewirken eine doppelte Vernetzung: Vernetzung von Verwaltung und Umwelt und Vernetzung der einzelnen Arbeitseinheiten einer Verwaltung zur z.B. „kommunalen Verwaltung“, zum „Verwaltungssystem“ der Stadt Kassel oder des Landes Hessen[101].

Öffentliche Verwaltungen haben so als arbeitende Organisation über ihre konkreten Aufgaben hinaus eine politisch-gesellschaftliche Funktion, indem sie strukturierend, differenzierend und integrierend wirken, individuelle und gesellschaftliche Lebensbereiche mitgestalten. Dies wirkt wiederum zurück auf die institutionelle Prägung einer Verwaltungsorganisation. „Der moderne Staat existiert als entscheidungs- und handlungsfähiges Subjekt nur nach Maßgabe des ihn konstituierenden Organisationsrechts ... Organisationsrecht überführt Leistungsvorgänge und Beteiligungschancen in Strukturen. Rechtsstaatliche Verantwortlichkeit und Effektivität werden mit den Geboten demokratischer Legitimation zusammengeführt“[102]. Verwaltungen vermitteln so rechtliche Regelungen und konkrete gesellschaftliche Gestaltung[103]. Sie sind die praktisch wirksame Ordnung des Gemeinwesens.

---

56). Strukturen bestimmen die Reichweite von Kommunikation, dies zeichnet sich durch doppelte Selektivität aus, Klaus Türk a.a.O., S. 48, S. 50

101 Nicht immer eindeutig ist auszumachen, ob diese Zuordnung Ausdruck der Leistungsbedürftigkeit in der Gesellschaft ist oder Ausdruck der Möglichkeit öffentlicher Verwaltungen zur Leistungsausbeute. Erg. Dorothea Jansen, Netzwerkansätze in der Organisationsforschung, in: Jutta Allmendinger/Thomas Hinz (Hsg.), a.a.O., S. 88-118

102 So Eberhard Schmidt-Aßmann, a.a.O., S. 203

103 Erg. Uwe Schimank, Funktionale Differenzierung, Durchorganisierung, Integration der modernen Gesellschaft, in: Veronika Tacke (Hsg.): Organisation und gesellschaftliche Differenzierung, Opladen 2000; S. 19-39; Tania Lieckweg/Christof Wehrsig, Zur komplementären Ausdifferenzierung von Organisationen und Funktionssystemen. Perspektiven einer Gesellschaftstheorie der Organisation, in: Veronika Tacke (Hsg.), a.a.O., S. 39-60

2.5.4 Grund- und Metafunktion

Fassen wir das Ergebnis unserer bisherigen Erörterungen zusammen

- Öffentliche Verwaltungen sichern die Funktions- und Arbeitsfähigkeit des Staates, sie sind arbeitender Staat. Sie vermitteln dem politischen System Stabilität und durch ihre politikfeldbezogene Strukturierung strukturieren sie auch das politische System, machen es erkennbar und bearbeitungsfähig.
- Öffentliche Verwaltungen dienen und fördern die Organisation individuell-gesellschaftlicher Lebensbewältigung, welche ohne eine solche organisatorische Einbindung und Abstützung anarchisch und chaotisch wäre.
- Öffentliche Verwaltungen sind Bedingung einer wertgebundenen politisch-gesellschaftlichen Ordnung. Die konkrete Ausgestaltung folgt demokratischen Mehrheitsentscheidungen.

Der Strukturierung öffentlicher Verwaltungen und ihre Einbindung in verschiedene Politikfelder entsprechend organisieren sich gesellschaftliche Interessen, wie auch Verwaltungen gesellschaftlichen Handlungssfeldern und Interessenstrukturen folgen. Es ergeben sich Interessenzuordnungen, und damit werden Interessen handelbar. Verwaltungen bilden so einen öffentlichen Aktionsraum als eigenständiges Feld der Problemwahrnehmung und der Erarbeitung von Problemlösungsmöglichkeiten.

In ihrer institutionellen Ausprägung sind öffentliche Verwaltungen auf Gleichheit, Recht und Gerechtigkeit angelegt und sind eine reflektierte Antwort auf die Zerstörung von Gemeinschaft. Entwicklung von öffentlichen Verwaltungen nach der Wertordnung des Grundgesetzes ist immer auch Entwicklung der Rechtsstaatlichkeit und Freiheitlichkeit des politischen Systems und ist in der Verfassung und in demokratischen Beschlussverfahren legitimiert.

Indem Verwaltungen nicht mehr einen Arkanbereich bilden, sondern die Partizipation der Bürger in der Aufgabenbewältigung möglich und zunehmend notwendig wird – bis hin zur Forderung nach der Bürgergesellschaft und der Bürgerverwaltung –, erweitert sich das Verwaltungssystem zu einem offenen, nicht mehr nur selbstreferentiellen System[104]. Aus den Verwaltungsorganisationen bildet sich der demokratische Staat als Institution.

Öffentliche Verwaltungen sind Koordinator, Leister, Stützer und Animateur für Gesellschaft, Unternehmen und Individuen. Ihre Funktion ist es zu moderieren, zu koordinieren, Innovationen anzuregen, Ordnung zu stabilisieren und Gesetze zu vollziehen[105]. Sie manifestieren Herrschaft und strukturieren Gesellschaft. Diese – wie wir es nennen wollen – Metafunktion öffentlicher Verwaltungen, nämlich ihre Institutionalisierungs-, Strukturierungs-,

104 Erg. Hayagreeva, Rao, Gründung von Organisationen und die Entstehung neuer organisatorischer Formen, in: Jutta Allmendinger/Thomas Hinz (Hsg.), a.a.O., S. 319-344
105 Arthur Benz, Der moderne Staat, München, Wien 2001, S. 223ff.

und Bildungsfunktion, ist ein wesentlicher Beitrag für die Lebens- und Überlebensfähigkeit eines politischen Systems und seiner Mitglieder. Und damit dieser Beitrag auch wirksam ist, bedarf er ständig der praktischen Realisierung – z.B. in den Agenda-21-Prozessen, in Schulen, in polizeilicher Sicherheit. Indem Verwaltungen das tun, realisieren sie aufgrund ihrer verfassungsrechtlichen Bindungen gleichzeitig die Wertvorgaben der Grundgesetzordnung, gestalten die Wertbindung des politisch-gesellschaftlichen Systems[106].

Zwischen Grund- und Metafunktionen besteht keine strikte Trennung. Deutlich wird dies bei den Kommunalverwaltungen. Zu den Grundfunktionen gehören hier die Aufgaben im Gesetzesvollzug als unterste Verwaltungsebene ebenso wie ihre Beiträge für die Funktionsfähigkeit einer Kommune entsprechend Art. 28 GG. Zu den Metafunktionen gehören ihre Beiträge zur lokalen Identitätsbildung, zur Vermittlung eines lokalen Kulturbewusstseins oder zur Etablierung eines innovativen Klimas. Zwischen Grundfunktionen und Metafunktionen ist die ganze breite Palette an Leistungen anzusiedeln, welche von Kommunen erbracht werden – sei es im Umweltbereich, in der Jugendarbeit oder in der Sozialhilfe. Einige dieser Leistungen stützen die Ausbildung der Metafunktion, andere sind Teil dieser Funktion oder ergänzen sie. Entsprechendes gilt für Landes- und Bundesverwaltungen, welche jeweils spezifische Grund- und Metafunktionen auszeichnen – auch wenn es übergreifende und vergleichbare Zusammenhänge gibt[107].

Grund- und Metafunktionen öffentlicher Verwaltungen stehen jeweils in einem staatstheoretischen Kontext und in den damit verbundenen Leitbildern[108]. Hieraus gewinnen sie ihre spezifischen inhaltlichen Ausrichtungen und entsprechend waren die Metafunktionen im preussischen Obrigkeitsstaat andere als in der Weimarer Republik oder in der Bundesrepublik in den fünfziger und sechsziger Jahren.

---

106 Hierzu oben 2.4.1

107 Schmidt-Aßmann unterscheidet zwischen Rahmenverantwortung und Erfüllungsverantwortung, wobei es auch Zwischenstufen gebe. Vgl. Eberhard Schmidt-Aßmann, a.a.O., S. 154f.; erg. Wilfried Röhrich, Herrschaft und Emanzipation, Berlin 2001, S. 313ff., 357ff.

108 Hierzu unter 3.2

3. Kritik der öffentlichen Verwaltung

Öffentliche Verwaltungen stehen in der Kritik, und es werden Leitbilder einer besseren Verwaltung produziert und diskutiert.

3.1 Kritik

Die Kritik setzt zunächst bei der Organisation und Produktion öffentlicher Verwaltungen an. Sie seien umständlich, ineffizient, bürokratisch, bürgerunfreundlich und teuer[109].

Ein zweiter Bereich der Kritik sind die Verwaltungsaufgaben. Öffentliche Verwaltungen würden Aufgaben wahrnehmen, welche ebenso oder besser von privaten Einrichtungen erledigt werden können.

Auf einer dritten Ebene wird diskutiert, öffentliche Verwaltungen seien in ihrer überkommenen Struktur und in ihren Aufgaben Ausdruck eines nicht mehr zeitgemäßen Staatsverständnisses.

Die verschiedenen Argumentationsstränge, und häufig werden diese teilweise oder ganz miteinander verbunden, sind mit jeweils spezifischen Interessen verbunden. Im ersten Fall, mehr etatistisch und betriebswirtschaftlich ausgerichtet, wird eine Organisation und werden Produktionsformen für öffentliche Verwaltungen verlangt, welche vergleichbar jenen in der Privatwirtschaft sind.

Im zweiten Fall wird öffentlicher Verwaltung neben den Aufgaben entsprechend Art. 33, Abs. 4 GG nur eine „Ersatzfunktion" neben einer Ordnungs- und Gewährleistungsfunktion zugedacht.

Im dritten Fall wird grundsätzlicher diskutiert. Nicht der freiheitliche Rechts- und Sozialstaat werden verlangt, sondern der rechtlich organisierte,

---

109 Karl-Heinz Ladeur spricht von einem Missverhältnis zwischen Leistungen und staatlich anfallenden Kosten (Karl-Heinz Ladeur, Öffentlichkeit, öffentliche Aufgaben und Logik der Netzwerke, in: Gerd Winter (Hsg.): Das Öffentliche Heute, Baden-Baden 2002, S. 75-100 (S. 76f.))

libertär-kapitalistisch-marktwirtschaftliche Staat sei angemessen für eine emanzipierte Gesellschaft und ihre Wirtschaft.

Hier soll nicht der Kritik im einzelnen nachgegangen werden[110]. Häufig ist Verwaltungskritik wenig fundiert, mehr interessenorientiert oder trendgebunden – womit ein steter Entwicklungs- und Reformbedarf für öffentliche Verwaltungen nicht bestritten werden soll.

In den aktuellen Bemühungen um eine Verwaltungsmodernisierung stehen vor allem verwaltungsinterne Strukturen und Verfahren im Mittelpunkt. Verwaltungsexterne Aspekte wie Produkte und Produktionstiefe werden vernachlässigt, obwohl eine verwaltungsinterne Sicht immer nur zu „Schönheitsreparaturen" führt. Kritikpunkte an der bürokratischen Herrschaftsform sind vor allem:

- Die politischen Gremien besitzen nur eine geringe strategische Steuerungsfähigkeit, da sie durch ständige Einzeleingriffe in den Verwaltungsvollzug überlastet sind.
- Die Konzentration der Ressourcenverantwortung bei zentralen Querschnittsdiensten mit der Trennung zwischen Fach- und Ressourcenverantwortung führt im Ergebnis zu einer „organisierten Unverantwortlichkeit".
- Es gibt vielfältige Leistungsdefizite für die Bürger, die aus diffusen Verantwortlichkeiten und Überregelungen resultieren (Beispiel: langwierige Genehmigungsverfahren).
- Die Leistungspotentiale der Beschäftigten werden häufig nicht genutzt, da die Leistungsanreize schwach ausgestaltet, die Qualifikationsmuster defizitär sind und das Personalrecht allgemein unzureichend ist.
- Mit den Ressourcen wird häufig nicht wirtschaftlich umgegangen, Kosten und Leistungen sind in der Regel nicht transparent, da Rechnungswesen und Finanzmanagement der Verwaltungen dazu ungeeignet sind. Weniger die Wirkungen des Verwaltungshandelns werden in den Blick genommen und mehr die Ordnungsmäßigkeit der Verfahren.

3.2 Leitbilder einer anderen Verwaltung

Im Zusammenhang mit der Verwaltungsmodernisierung und auch schon früher wurden und werden verschiedene verwaltungspolitische Leitbilder ent-

110 Zu Defiziten im einzelnen vgl. Wolfgang Gerstlberger/Klaus Grimmer/Martin Wind, Innovationen und Stolpersteine in der Verwaltungsmodernisierung, Berlin 1999. Als mögliche Defizite werden dort genannt: unklare Zielbestimmungen, unvollständige Informationsbasis, ungenügende Kenntnisse über Leistungen und Kosten, unzureichende Ressourcen, defizitäre Arbeitsteilung und Koordination, unzureichende Qualifikation, Widersprüche zwischen Organisations- und Beschäftigteninteressen, zu wenig Beteiligung der Beschäftigten und der Personalvertretung, Diskrepanzen zwischen Selbstverständnis und Umwelterwartungen, Veränderungen in den politisch-sozialen Anforderungen, kaum Anreize für eine Verwaltungsentwicklung (S. 18f.)

faltet. Diese Diskussion findet auf zwei unterschiedlichen Ebenen und mit unterschiedlichen Teilnehmern statt. Zum einen in staats- und verwaltungswissenschaftlichen Foren und zum anderen in den einzelnen Verwaltungen. Im ersten Fall geht es um eine neue Funktionsbestimmung öffentlicher Verwaltungen vor dem Hintergrund eines veränderten Staatsverständnisses, „einer zivilgesellschaftlichen Staatsmodernisierung“[111] den knapper werdenden Ressourcen und einer zunehmend emanzipierten Gesellschaft.

Im zweiten Fall geht es um ein zukunftsoffenes Selbstverständnis der einzelnen Verwaltungen. Zwischen beiden Ansätzen gibt es vielfältige Verbindungen.

Bei den Denkansätzen der Verwaltungsmodernisierung, wie sie im „New Public Management“ in England und im „Neuen Steuerungsmodell“ in Deutschland zum Ausdruck kommen[112], stehen verwaltungsinterne Strukturen und Verfahren im Mittelpunkt der Modernisierungsbemühungen.

Die Entwicklung des Begriffs „New Public Management“ ist unter strategischen Gesichtspunkten zu sehen: Es wurde ein Begriff gesucht, der – mit positiven Konnotationen versehen – der Bürokratie entgegengesetzt werden konnte. Dementsprechend ist New Public Management ein offener Begriff; es gibt auch kein „Manifest“ des New Public Management, mit Hilfe dessen man entscheiden könnte, was innerhalb dieses konzeptionellen Rahmens liegt – und was nicht.

Das Umdenken im öffentlichen Management ist zunächst auf die Veränderung von Kontextfaktoren zurückzuführen:

- die globale ökonomische Krise zu Beginn der siebziger Jahre
- die immer stärkere Ausdehnung des öffentlichen Sektors
- die zunehmende Politik- und Bürokratieverdrossenheit großer Teile der Gesellschaft
- der gesellschaftliche Wertewandel in den westlichen Industriestaaten
- die finanzielle Not vieler Kommunen.

Zusätzlich ist das Umdenken in Richtung New Public Management zweifellos durch entsprechende politisch-ideologische Strömungen gefördert worden. Hier ist auf die in den achtziger Jahren verbreitete neokonservative ökonomische Liberalisierungspolitik zu verweisen. Die Universalität des New Public Management zeigt sich aber darin, dass diese Reforminitiativen auch in Ländern umgesetzt werden, deren Regierungen im klassischen „linken“ Spektrum beheimatet sind. Zu den Gründen, warum sich New Public Management durchsetzen konnte, gehört auch die Unterstützung durch „Think

111 Vgl. Fritz Behrens, Die Herausforderung zur zivilgesellschaftlichen Staatsmodernisierung, in: VN 2003, S. 228-236

112 Zur Entwicklung von am New Public Management orientierten Reformen und dem zugrundeliegenden Staatsverständnis Christoph Reichard, Verwaltung als öffentliches Management, in: Klaus König (Hsg.): Deutsche Verwaltung an der Wende zum 21. Jahrhundert, Baden-Baden 2002, S. 255-278 (S. 267ff. , S. 257f.).

tanks" und einer Vielzahl von Management-Beratungsfirmen, die ein großes Geschäft witterten.

Mit New Public Management wird das Verwaltungshandeln unter ein neues Leitbild gestellt: Im Vordergrund steht die effiziente und effektive Aufgabenwahrnehmung, wobei hohe Anforderungen an die Eigenverantwortung der Beteiligten gestellt werden. Große Erwartungen werden in die Steuerungsmöglichkeiten des Marktes und wettbewerblicher Strukturen gesetzt. Ziel ist nicht mehr nur eine Verbesserung der öffentlichen Verwaltung, vielmehr ist angestrebt, eine grundsätzliche Überwindung bürokratischer Organisationsgrundsätze zu erreichen. Die zukünftige Verwaltung soll nicht länger eine Bürokratie, sondern ein Dienstleistungsunternehmen sein. Die „Old Public Administration" soll durch ein „New Public Management" ersetzt werden. Dahinter steht die Hypothese, dass wesentliche Erkenntnisse der privatwirtschaftlichen Managementlehre auch für den öffentlichen Sektor anwendbar sind und dass Konzepte und Instrumente des Managements überwiegend universelle Geltung haben. Die Übertragung privatwirtschaftlicher Managementinstrumente auf die öffentliche Verwaltung ist ein Kernpunkt des New Public Management.

Vergleicht man die Ziele des „New Public Management" oder des „Neuen Steuerungsmodells" mit früheren Modernisierungsbemühungen, so stehen nun vor allem die Aufbau- und die Ablaufprozesse der Verwaltungsorganisation selbst unter dem Aspekt effizienter Steuerung im Mittelpunkt der Überlegungen.

Implizit greifen alle Konzepte des New Public Management auf ein Verständnis von Organisationsveränderung zurück, welches davon ausgeht, dass an verschiedenen Führungsfunktionen (Strukturen, Verfahren, Personal und Außenverhältnis) gleichzeitig angesetzt werden muss, da starke Interdependenzen zwischen ihnen bestehen. In der Praxis werden nur Kosten und zum Teil Strukturen in den Blick genommen.

Eine Schwierigkeit des New Public Management besteht darin, dass eine Vielzahl der Konzepte und Strategien auf innere Reformen der Verwaltungen ausgerichtet ist, aber gerade die dabei wirksamen Einzelfaktoren und ihr Zusammenspiel vernachlässigt. Demgegenüber ist jedoch nicht zu vernachlässigen, dass mit New Public Management gleichzeitig eine Neuordnung der Außenbeziehungen angestrebt wird – dieser Aspekt wird bei den Überlegungen zur bürokratischen Herrschaftsform nahezu gänzlich ignoriert. Mit New Public Management wird versucht, eine Neuregelung der Beziehungen einzelner Verwaltungen untereinander sowie zwischen den öffentlichen Verwaltungen, ihren Adressaten und anderen gesellschaftlichen Kräften zu erreichen[113].

113 Erg. Christoph Reichard, a.a.O., S. 255ff. – Zu Ergebnissen der Bemühungen um eine Verwaltungsreform siehe Werner Jann u.a., Status-Report Verwaltungsreform. Eine Zwischenbilanz nach zehn Jahren. Modernisierung des öffentlichen Sektors 24, Berlin 2004

Als Beispiel für die weitergreifende staaats- und verwaltungstheoretische Diskussion, kann Jann mit seinem Beitrag zum ersten Gütersloher Verwaltungswissenschaftlichem Symposion genannt werden. Jann nennt vier dominierende verwaltungspolitische Leitbilder mit unterschiedlichen verwaltungspolitischen Themenkonjunkturen, wissenschaftlichen Schwerpunkten und Gestaltungsanforderungen an die Verwaltungspraxis.

- Demokratischer Rechtsstaat – „Demokratie“ – demokratische Verwaltung
- Aktiver Staat – „Planung“ – strategisches Management
- Schlanker Staat – „Management“ – Wettbewerb
- Aktivierender Staat – „Governance“ – Bürger und Bürgergesellschaft[114]

In seinem Beitrag zur Festschrift für Carl Böhret spricht Jann von vier unterschiedlichen normativen Bildern der öffentlichen Verwaltung: der autonomen Verwaltung, der hierarchischen Verwaltung, der kooperativen Verwaltung und der responsiven Verwaltung[115].

Böhret, weniger beschreibend, mehr mit der Frage nach den Aufgaben von Staat und Verwaltung in der Zukunft befasst, spricht vom funktionalen Staat auf dem Weg in die transindustrielle Gesellschaft mit fünf Kernaufgaben: „physisches und soziokulturelles Überleben sichern, Anwalt für Kommende, Benachteiligungen reduzieren (helfen), Verteilungsregeln (bei Knappheitskonflikten), evolutiven Strukturwandel unterstützen, politisch-administrative Strukturen optimieren“. Diesen Kernaufgaben entsprechen nach Böhret fünf Handlungsmaßstäbe „Loslassen und Abgeben für Handlungsfähigkeit (entstaatlichen, öffentlich binden), Übernehmen auf Zeit – wenn Dringliches nicht anderweitig – wenn Risiken für Gemeinwesen (= prozessuales Monopol, Vergesellschaftung) Rückholen („entprivatisieren“), wenn zukunftssichernde Entwicklungsaufgaben außerstaatlich nicht erfüllt, Moderat umverteilen/umsteuern (nach Gerechtigkeitsregeln, zur Zukunftssicherung), Vorhalten und fördern von Grund- und Sicherungsfunktionen „im eigenen Land“ (Infrastruktur, Humanpotential)“[116].

Anzuschließen sind hier die Überlegungen von Grunow zur Entwicklung der Gesellschaft als Dienstleistungsgesellschaft[117] und damit verbundenen künftigen Aufgaben der öffentlichen Verwaltung.

Öffentliche Dienstleistungen werden „in Zukunft aus folgenden Gruppen von Aufgaben bestehen:

---

114 Ausführlich Werner Jann, Der Wandel verwaltungspolitischer Leitbilder: Von Management zu Governance?, in: Klaus König (Hsg.), a.a.O., S. 279-304 (S. 286ff.)

115 Werner Jann, Politik und Verwaltung im funktionalen Staat, in: Werner Jann u.a. (Hsg.): Politik und Verwaltung auf dem Weg in die transindustrielle Gesellschaft, Baden-Baden 1999, S. 253-280 m.w.N.

116 Carl Böhret, Verwaltung und Verwaltungspolitik in der Übergangsgesellschaft, in: Klaus König (Hsg.), a.a.O., S. 59-76 (S. 62)

117 Dieter Grunow, Verwaltung in der Dienstleistungsgesellschaft, in: Klaus König (Hsg.), a.a.O., S. 131-162 (S. 151ff. , S. 159f.)

- einem Set von hoheitlichen und sonstigen für notwendig gehaltenen ‚Kernaufgaben', die nicht privatisiert werden sollen;
- Restbeständen personen- und haushaltsbezogener Dienstleistungen, die schlecht strukturiert sind und nicht in den DL-Zyklus einbezogen werden können;
- konsumorientierten Dienstleistungen, die mit bestimmten Qualitätserfordernissen unter den gegebenen Bedingungen nur im öffentlichen Subsystem erbracht werden können – bzw. bei denen die Qualitätssicherungs-Kosten (im Fall privater Erbringung) inakzeptabel hoch sind;
- neu hinzukommenden personen- und haushaltsbezogenen Dienstleistungen, die zumindest temporär und vorläufig im öffentlichen Subsystem entwickelt und strukturiert werden;
- (beschäftigungsintensiven) Dienstleistungen, die vor allem zur Sicherung von Beschäftigungsangeboten im öffentlichen Subsystem initiiert werden oder auch bewusst eine Stabilisierung lokaler und regionaler Wirtschaftskreisläufe (i.S. der Nachhaltigkeit) stützen sollen."

Götz kennzeichnet die künftige öffentliche Verwaltung in Deutschland „im Zeichen von Postmodernisierung und Europäisierung" folgendermaßen: Relatitvierung hoheitlich-hierarischen Handelns, Rechtsstaatlichkeit, aber Pluralisierung von Rechtsquellen, Entterritorialisierung, funktional-institutionelle Entwicklung nach der „Dialektik der Differenzierung", Aushöhlung des Berufsbeamtentums, Vordringen von unternehmerischer Rationalität und Marktrationalität. Traditionelle Integrationsfaktoren wie das öffentliche Recht werden geschwächt, politische Heterogenität nimmt zu ebenso wie eine Pluralisierung von Verwaltungskulturen, woraus sich neue Herausforderungen an Koordinations- und Kooperationskapazitäten ergeben. Konstitutiv sieht Götz folgende veränderte Verwaltungsumwelten: Extern und intern entgrenztes liberal-demokratisches politisches System, internationalisierte Marktwirtschaft und „Post-welfare-state"-Paradigma, abnehmende Leistungsfähigkeit traditioneller intermediärer Großorganisationen[118].

Schuppert spricht von öffentlichen Verwaltungen im Kooperationsspektrum staatlicher und privater Aufgabenerfüllung und entwickelt ein Konzept abgestufter Verwaltungsverantwortung, wobei er drei Grundtypen unterscheidet: Erfüllungsverantwortung, Gewährleistungsverantwortung mit Über-

118 Klaus H. Götz, Verwaltungswandel – Ein analytisches Gerüst, in: Edgar Grande/Rainer Prätorius (Hsg.): Modernisierung des Staates? Baden-Baden 1997, S. 177-206 (S.180); ergänzend Hermann Hill, Neue Organisationsformen in der Staats- und Kommunalverwaltung, in: Eberhard Schmidt-Aßmann/Wolfgang Hoffmann-Riem (Hsg.): Verwaltungsorganisationsrecht als Steuerungsressource, Baden-Baden 1997, S. 165-207; Hellmut Wollmann, Politik- und Verwaltungsmodernisierung in den Kommunen zwischen Managementlehre und Demokratiegebot, in: Die Verwaltung 1999, S. 345-375, (S. 365ff.); Philippe Mastromardi, Die staatspolitische Erweiterung des NPM-Konzeptes aus rechtlicher Sicht, in: Verwaltung und Management, 6. Jhg. (2000), H.4, S. 222-227; Klaus König, Rückzug des Staates – Privatisierung der öffentlichen Verwaltung, in: DÖV 1998, S. 963-968

wachungsverantwortung, Regulierungsverantwortung und Auffangverantwortung. Die Verantwortungsteilungen zwischen Staat und Gesellschaft sind immer neu zu bestimmen[119].

Von einer funktionellen Differenzierung der Gesellschaft mit der Folge neuer Aufgaben und verbunden mit Veränderungen der internen Struktur des Staatsapparates geht auch Renate Mayntz aus und bestimmt von daher Gestaltungsanforderungen an öffentliche Verwaltungen[120].

Während Jann's staatstheoretische Ansätze mehr typisierend sind und die Veränderungen in der Gesellschaft, im Staatsverständnis und in der Sicht der öffentlichen Verwaltungen zusammenführen, versuchen Böhret und Grunow eine aufgaben- und zweckorientierte Zukunftsbeschreibung staatlicher und d.h. letztlich verwaltungsmäßiger Tätigkeiten. Auffallend ist, dass beide Ansätze sehr stark an bestehenden Aufgaben orientiert sind und mehr Trendexplorationen vornehmen, als dass sie neue Aufgaben und Anforderungen, vor allem im Kommunalbereich, thematisieren.

Der Ansatz von Schuppert geht nicht von der Frage „öffentliche Verwaltungen wofür?" aus, sondern thematisiert die Verantwortung öffentlicher Verwaltungen im und für das Gemeinwesen und die dafür erforderlichen Leistungsinhalte und -formen. Er verbleibt nicht bei einzelnen Aufgaben, sondern geht von der Feststellung aus, dass es eine Vielzahl von öffentlichen Aufgaben gibt, d.h. von Aufgaben, welche zur Sicherung der staatlich verfassten Gesellschaft und ihrer Entwicklungsfähigkeit notwendig sind, und unterscheidet hierbei, in welcher Form und mit welcher rechtlicher Stringenz der Staat – und das heißt letztlich immer die öffentlichen Verwaltungen – sich engagieren müssen.

Dominant in der Diskussion sind vor allem zwei sich ergänzende Leitbilder, jenes des aktivierenden Staates[121] und jenes der Bürgerkommune[122]. Beide schlagen eine Brücke zwischen staatstheoretischen Annahmen und (kommunal-) verwaltungspraktischen Bedürfnissen und Möglichkeiten[123]. In einer

---

119 Gunnar Folke Schuppert, Verwaltungswissenschaft, Baden-Baden 2000, S. 228ff. , S. 400ff.

120 Renate Mayntz, Verwaltungsreform und gesellschaftlicher Wandel, in: Edgar Grande/Rainer Prätorius (Hsg.): Modernisierung des Staates?, Baden-Baden 1997, S. 65-74

121 Wolfram Lamping u.a., Der aktivierende Staat – Positionen, Begriffe, Strategien, Bonn FES, 2002, m.w.N.; Wulf Damkowski/Anke Rösener, Auf dem Weg zum Aktivierenden Staat, Berlin 2003; Dietrich Budäus/Gernot Grüning, Kommunikarismus – eine Reformperspektive? Berlin 1997; Gunnar Folke Schuppert, Aktivierender Staat und Zivilgesellschaft, in: Gerd Winter (Hsg.): Das Öffentliche Heute, Baden-Baden 2002, S. 101-126 (S. 102ff.)

122 Vgl. Harald Plamper, Obrigkeitliche Kommune, Dienstleistungskommune, Bürgerkommune, in: Levin von Trott zu Solz (Hsg.): Bürgerorientierte Kommune, Gütersloh 1998; Jörg Bogumil/Lars Holtkamp, Bürgerkommune konkret. Vom Leitbild zur Umsetzung. Friedrich-Ebert-Stiftung, Bonn 2002; Jörg Bogumil/Lars Holtkamp/Gudrun Schwarz, Das Reformmodell Bürgerkommune, Berlin 2003

123 Vgl. Marga Pröhl u.a. (Hsg.): Bürgerorientierte Kommunen in Deutschland, Bd. 1-3, Gütersloh 1998-2002; vgl auch Rainer Pitschas, Verantwortungskooperation zwischen

gewissen Abkehr vom im Sozialstaatspostulat begründeten Modell des Fürsorge- und Betreuungsstaates stehen im Leitbild des aktivierenden Staates der engagierte, eigenverantwortliche Bürger und seine Assoziationen im Vordergrund, welche in Einzelbereichen staatlicher Anregung, Förderung und organisierter Hilfe bedürfen zur Realisierung individueller oder assoziativer Anliegen und Interessen. Dabei kann für bestimmte Leistungen durchaus eine Gewährleistungs- oder Verfügbarkeitsverantwortung bei staatlichen oder kommunalen Einrichtungen verbleiben.

Das Leitbild der Bürgerkommune oder auch der aktiven Bürgerschaft[124] geht von der ursprünglichen Vorstellung kommunaler Selbstverwaltung aus und berücksichtigt die heute eingeschränkte finanzielle Leistungsfähigkeit der Kommunen. Das heißt, Bürgerinnen und Bürger sollen sich ihrer Verantwortung für die Gesellschaft oder für ihre Kommune bewusst sein, sollen Folgerungen daraus ziehen, dass Beheimatung und Lebensvollzüge immer auch in einem lokalen Kontext geschehen und sollen deshalb in freiem Engagement Beiträge zur kommunalen Praxis leisten. Die Kommunen sind gehalten, anzuregen und organisatorische Hilfestellungen zu bieten, wie z.B. bei der Realisierung von Agenda-21-Prozessen, der Pflege von Grünflächen oder der Betreuung von Sporteinrichtungen. Dies verlangt auch, dass sich die Kommunen nach aussen hin in einer Weise darstellen, dass Verwaltungsvorgänge, ihre Ziele und Finanzierung transparent sind und engagierte Bürgerinnen und Bürger feststellen können, wo und wie sie mitwirken können.

In einer ausgreifenden Weise beschreibt der Deutsche Städtetag das Leitbild der Stadt der Zukunft[125].

Stärker in den aktuellen Modernisierungsprozess[126] sind verwaltungseigene Leitbilddiskussionen eingebunden. Begründet wird die Relevanz des Leitbild-Konzepts: Öffentliche Verwaltungen sind mit neuen Herausforderungen konfrontiert, wodurch eine richtungsweisende Orientierung notwendig wird, welche auch nach innen und außen zu vermitteln ist.

Die Außenwirkung wird für die Kommunen immer wichtiger, um Investoren anzuziehen. Sie reagieren damit auf einen verschärften interkommunalen Wettbewerb.

Staat und Bürgergesellschaft, in: Karl-Peter Sommermann/Jan Ziekow (Hsg.): Perspektiven der Verwaltungsforschung, Berlin 2002, S. 223-267

124 Hierzu Bericht der Enquete-Kommission „Zukunft des Bürgerschaftlichen Engagements“. Bürgerschaftliches Engagement: auf dem Weg in eine zukunftsfähige Bürgergesellschaft, Deutscher Bundestag, Drucksache 14/8900

125 Näher hierzu oben 2.4.2

126 Hierzu Hermann Hill (Hsg.): Modernisierung – Prozess oder Entwicklungsstrategie? Frankfurt/M. 2001, insbesondere die Beiträge in diesem Band von Dietrich Budäus, Innovation von Staat und Verwaltungen in Deutschland – ausgewählte Probleme und Entwicklungsperspektiven (S, 305-324); Heinrich Siedentopf, Reformprozesse in der Verwaltung und Personalentwicklung, S. 325-344

Bürger wollen sich in der Stadt wiedererkennen. Durch die erhöhte Mobilitätsbereitschaft der Bevölkerung ist die Ortsgebundenheit keine Selbstverständlichkeit mehr.

Ein positives Konsum- und Freizeitklima ist für die Stärkung des lokalen Einzelhandels notwendig. Dies trifft insbesondere für die Innenstädte zu. Dafür muss sich die Stadt im guten Licht präsentieren.

Neue Ziele, wie nachhaltiges Wirtschaften oder Integration von Ausländern, sind auf einen langfristig und breit fundierten Konsens angelegt. Innerhalb der bestehenden Aufgabenformulierungen zwischen Politik und Verwaltung fehlt die Einbindung oftmals neuer, externer Akteure, wie den Umweltschutz-Gruppierungen, mit denen an diesen Zielen gearbeitet werden kann.

Aus diesen Gründen verbinden Kommunen die Entwicklung eines auf die Verwaltungsmodernisierung bezogenen Leitbildes mit jenem für ein Stadtmarketing. Die Leitbilder für die Verwaltungsmodernisierung orientieren sich dabei häufig an den Bausteinen des neuen Steuerungsmodelles, insbesondere an dienstleistungsorientierte Verwaltung, wettbewerbsorientierte Verwaltung, Personalentwicklung, politische Steuerung, Bürgerbeteiligung[127].

Leitbilder beider Ebenen entwickeln sich im dialektischen Prozess aus verfassungsrechtlichen Vorgaben und ihrer politischen Praxis, gesellschaftlichen Interessen und Problemen, alltäglichen Defiziten der Verwaltungspraxis, administrativen Möglichkeiten, Anregungen aus der wissenschaftlichen und der Beratungspraxis und verwaltungseigenen Anpassungsprozessen.

Die Produktion von Leitbildern zeigt deutlich, wie sehr das Verständnis von öffentlicher Verwaltung von einer Vielzahl von Faktoren abhängig ist. Allerdings wird bei der Diskussion neuer Leitbilder mehr der – begrenzte – Gestaltungsspielraum öffentlicher Verwaltungen im Leistungs- und Planungsbereich in den Blick genommen und weniger die Vielzahl gebundener – und zwar sowohl inhaltlich als auch verfahrensmäßig – Aufgaben. Im Ergebnis zielen die Leitbilder zwar jeweils auf ein „neues Verwaltungsverständnis", ihre praktische Bedeutung finden sie aber eher in veränderten Schwerpunkten der organisatorischen Ausgestaltung.

3.3 Argumente für die Verwaltung der Zukunft

Indem wir die Leitbilddiskussion aufgreifen, wollen wir gleichzeitig grundsätzlich fragen: was für eine öffentliche Verwaltung brauchen wir künftig wofür.

127 Näher hierzu Frank Eckardt/Matthias Kerkhoff, Von der Verwaltungsmodernisierung zum kommunalen Leitbild, Kassel 2000 (Arbeitspapiere der Forschungsgruppe Verwaltungsautomation, H. 66).

Die bisherigen Analysen sollten Aufschluss geben darüber

- was sind die Aufgaben öffentlicher Verwaltungen, was bestimmt ihren Status heute. Legitimieren sie sich allein verfassungsrechtlich, sind sie funktionsnotwendig für das politische System, sind sie in ihrem Leistungsgehalt bestands-, überlebens- und entwicklungssichernd für die Gesellschaft und ihre Individuen?
- wonach bestimmt sich die Organisation öffentlicher Verwaltungen, allein aus den Anforderungen einer effizienten (wessen?, worauf bezogen?) Aufgabenerledigung, aus verfassungsrechtlichen und gesetzlichen Vorgaben oder auch aus übersteigenden Beiträgen für Stabilität und Entwicklungsfähigkeit im und des politischen Systems?
- schließlich, wie bestimmen sich Verfahren und Arbeitsweisen öffentlicher Verwaltungen, rechtlich?, betriebswirtschaftlich?, sozial-kommunikativ?

Die Vielschichtigkeit der Ergebnisse wird deutlich, insoweit neben relativ einfachen Beschreibungen von Aufgaben, Organisationen und Verfahren auch spezifische Leistungen auszumachen waren, welche unter den Aspekten der institutionellen Ausprägung, der gesellschaftlichen Wirkung und Rückwirkung als Grund- und Metafunktion öffentlicher Verwaltungen identifiziert werden konnten.

In den folgenden Kapiteln ist die Thematik zukunftsbezogen weiter zu entfalten unter der Fragestellung

- wofür brauchen wir eine öffentliche Verwaltung (Kap 4.) und anschließend
- was für eine öffentliche Verwaltung brauchen wir oder: wie ist die öffentliche Verwaltung zu gestalten (Kap. 5.).

4. Möglichkeit und Notwendigkeit öffentlicher Verwaltungen – oder: Öffentliche Verwaltungen wofür?

Unsere bisherigen Analysen erklären die verfassungsrechtlichen Grundlagen öffentlicher Verwaltungen, das Leistungsspektrum im politischen und für das politische System und seine Einzelglieder, die Eigenart öffentlicher Verwaltungen in der Leistungsproduktion und damit sich verbindende Wirkungen und Rückwirkungen in und für die Gesellschaft. Jede dieser Analyseebenen und ihre Ergebnisse können in die Zukunft fortgeschrieben werden. Unklar bleibt dabei, welche neuen Anforderungen sich aus veränderten sozioökonomischen oder kulturellen Verhältnissen ergeben.

Unsere Frage geht aber weiter: In welchem Umfang sind Aussagen möglich zu einer Bestandsnotwendigkeit öffentlicher Verwaltungen in und für das politische System und seine Glieder, sind bestimmte Inhalte erkennbar?

Zunächst ist zu erinnern, dass sich der Staat in Normen, Informationen und faktischen Handlungen realisiert – wenn wir uns auf die Output-Seite beschränken und dabei symbolische oder emotionale Wirkungen, welche ihre Grundlage wiederum in Informationen, faktischem Handeln oder Normen haben, vernachlässigen. Beziehen wir die Input-Seite mit ein, so wäre eine Vielzahl zusätzlicher Faktoren und Prozesse zu benennen.

Öffentliche Verwaltungen sind von verfassungswegen als eigenständige Einrichtungen konstituiert, ihre Einrichtung ist wie in Kap. 2.1 und 2.4 ausgeführt, mit spezifischen Aufgaben verbunden.

Das Interesse in der Gesellschaft an Verwaltungsleistungen ist sowohl der Quantität als auch der Qualität und ebenso der Vermittlungsart nach stark differenziert, letztlich unbegrenzt. Es ist abhängig von sozialen, kulturellen und ökonomischen Kontexten und der jeweiligen Lebenslage. Es bedarf also – soweit Aufgaben nicht unmittelbar in der Verfassung begründet sind – Kriterien, wonach Interessen als Bedarfe anzuerkennen sind, deren Befriedigung Verwaltungssache ist.

Im Blick auf die Verfassung ergibt sich zunächst, wie bereits ausgeführt, die Verantwortung der öffentlichen Verwaltung für den Vollzug von Gesetzen – was auch für das europäische Recht gilt -, aber auch für die Gesetzesergänzung und Gesetzesverfeinerung[128].

---

128 Hierzu Walter Leisner, Die undefinierbare Verwaltung, Berlin 2002, S. 83ff.

Hinzu kommt die Verpflichtung, die übrigen Staatsorgane – legislative und judikative Gewalt –. Insoweit zu unterstützen, als es um die Gewährleistung ihrer Einrichtung und Handlungsfähigkeit geht. Wie sie insgesamt gehalten ist, die Funktionsfähigkeit der Staatsorgane zu gewährleisten – wobei dies in der Regel durch auf die einzelnen Organe bezogene spezifische Verwaltungseinrichtungen geschieht (z.B. Ministerialverwaltungen, Justizverwaltungen, Verwaltung des Deutschen Bundestages u.a.).

In diesem Zusammenhang gehören auch vorbereitende, vermittelnde und informierende Maßnahmen für Regierung und Parlament in der Gesetzgebungsarbeit – und in der Entwicklung von Problemlösungsmöglichkeiten – wobei sich hier bereits Schnittstellen zur Eigenfunktionalität ergeben.

Dieser Eigenfunktionsbereich kann skizziert werden als Ordnungs- und Entwicklungsagentur. Begründet ist dies in ihrer Einrichtung als eigenständiges Staatsorgan und in der Systematik der Staatsorgane und ihrem Verhältnis zueinander. Danach haben öffentliche Verwaltungen all die Aufgaben wahrzunehmen, für welche sich eine verfassungsrechtliche Verpflichtung, aber keine besondere Zuständigkeit eines anderen Staatsorganes und auch kein Zuständigkeitsvorbehalt ergeben. Da die Verfassung letztlich darauf ausgelegt ist, das Zusammenleben der Menschen in Deutschland in „Frieden und Freiheit" im Rahmen des Grundrechtskodex und in Beachtung demokratischer und rechtsstaatlicher Prinzipien zu sichern, Lebensfähigkeit und damit auch Entwicklungsfähigkeit des Gemeinwesens zu ermöglichen, ist es Aufgabe öffentlicher Verwaltungen, in den eben skizzierten Grenzen die Ordnungs- und Entwicklungsfähigkeit der staatlich verfassten Gesellschaft zu unterstützen und zu fördern.

Sie sind gehalten, politische Problemlagen aufzunehmen und zu ihrer Lösung geeignete Maßnahmen zu entwickeln. Diese Verantwortung ergibt sich aus ihrer Verpflichtung auf die Verfassungsordnung und die Funktionssicherung des politischen Systems. Solche Problemlagen können sowohl in Gefährdungs- und Konflikttatbeständen, beispielsweise in der Verletzung der Menschenwürde, in der Beeinträchtigung wirtschaftlicher Entfaltungsmöglichkeiten oder im Schutz der natürlichen Lebensgrundlagen liegen. Dazu gehört auch, die Entwicklungsfähigkeit und die innovative Entwicklung der Gesellschaft zu fördern[129].

Insgesamt ist somit Funktion öffentlicher Verwaltungen: Die Praxis der verfassungsrechtlichen Struktur- und Wertordnung des politischen Systems, des Staates sichern, die Auskömmlichkeit politisch-gesellschaftlicher Ordnung als solche und in ihrer Ordnungs- und Leistungsfunktion für Individuen und gesellschaftliche Assozationen gewährleisten und die Teilnahmefähigkeit der Individuen und gesellschaftlicher Gruppen am politisch-gesellschaft-

129 Erg. Wolfgang Hoffmann-Riem, Innovationssteuerung durch die Verwaltung: Rahmenbedingungen und Beispiele, in: Die Verwaltung, Bd. 30 (2000)., H. 2, S. 155-182; Leisner spricht von einer „Förderungsgewalt" öffentlicher Verwaltungen im sozialen und wirtschaftlichen Bereich, Walter Leisner, a.a.O., S. 170ff.

lichen Leben vermitteln. Die Bezüge zu den Grundrechten, zum Sozial-, Demokratie- und Rechtsstaatsgebot und zur Systemfunktion der „Vollziehenden Gewalt" sind darin eingebunden und mit aufgabenbestimmend. Mit ihnen verbindet sich als Institution eine Prozess- und Symbolgarantie.

Öffentliche Verwaltungen, insbesondere Kommunalverwaltungen, sichern durch ihre Organisation und die damit verbundene strukturierende Wirkung für die Gesellschaft Freiheit, vermittelt durch „neutrale" Verfahren der Problemwahrnehmung und -bearbeitung[130]. Öffentliche Verwaltungen haben in ihrer Grundrechtsbindung gemeinwohlorientiert zu arbeiten (Art. 3, Abs. 2, S. 1, Art. 14 GG)[131], und weil öffentlichen Verwaltungen letztlich „Hoheitsgewalt" zusteht, erhalten sie die Ordnungskraft des öffentlichen Rechtes und die Herrschaft des Rechts über die Macht[132].

Eine Verantwortung öffentlicher Verwaltungen kann sich nicht nur aus dem Leistungsinhalt, sondern auch aus der für die Effektivität einer Leistung erforderlichen Art und Weise der Erledigung ergeben. Zwar verbinden sich mit der Sachverantwortung häufig mehr oder weniger präzise Vorgaben für die Art und Weise der Erledigung hinsichtlich der Organisationsform, der erforderlichen Qualifikationen und sonstigen Ressourcen, der räumlichen Gestaltungen und anderes. Die Prozessverantwortung, also die Verantwortung für das „Wie", kann in eine Sachverantwortung umschlagen, wenn eine Aufgabe in einer Art und Weise zu erledigen ist, wie sie nur von öffentlichen Verwaltungen erbracht werden kann. Dies brauchen nicht nur Kostenfragen zu sein. Es kann sich z.B. um die Notwendigkeit formalisierter Beteiligungsverfahren oder um die Berücksichtigung spezifischer Nebeneffekte handeln.

Während die Sachverantwortung vor allem für die Leistungen des politischen Systems wichtig ist, ist die Erledigungs- und Verfahrensverantwortung (Prozessverantwortung) grundlegend für die politische Kultur und die Effektivität sozialer, ökonomischer, umweltpolitischer oder ordnungspolitischer Maßnahmen. Die institutionelle Garantie öffentlicher Verwaltungen, und hier insbesondere auch der Kommunalverwaltungen, sichert die Möglichkeit, dass öffentliche Verwaltungen bestimmte Aufgaben in einer bestimmten Weise wahrnehmen und erledigen und beinhaltet gleichzeitig auch das Postulat, Verwaltungseinrichtungen in einem Umfang und in einer Art und Weise zu schaffen und zu erhalten, dass dies möglich ist.

Trotz diesen Unbestimmtheiten ergeben sich aus dem Wechselspiel von Bedürfnissen und der Art und Weise, wie Verwaltungen handeln, einige zu-

130 Christian Stark, Freiheit und Institutionen, Tübingen 2002, S. 143ff.

131 Zur Schwierigkeit, den Begriff des „Gemeinwohls" näher zu bestimmen und die Möglichkeiten, ihn verfassungsrechtlich auszufüllen vgl. Gunnar Folke Schuppert, Was heißt Gemeinwohl? in: Aktive Bürgerschaft e.V. aktuell 2/2003, S. 3; ders./Friedhelm Neidhardt (Hsg.): Gemeinwohl – Auf der Suche nach Substanz. WZB-Jahrbuch 2002; ebd. insbes. Gunnar Folke Schuppert, Gemeinwohl, das oder über die Schwierigkeit, dem Gemeinwohlbegriff Konturen zu verleihen, ebd., S. 19-64; Robert Mergmann, Verfassungsrechtliche Gemeinwohlkriterien, ebd., S. 179-195

132 Walter Leisner, a.a.O., S. 266ff.

sätzliche Hinweise auf Zuständigkeiten öffentlicher Verwaltungen. Die Befriedung gesellschaftlicher oder individueller Interessen und Bedarfe hat jedenfalls dann Sache öffentlicher Verwaltungen zu sein, wenn die Befriedung nur in einer Weise erfolgen kann, wie sie der Organisation und den Produktionsverfahren öffentlicher Verwaltungen eigen ist. Dies ergibt zwar keine Handlungspflicht – weil beispielsweise die erforderlichen Ressourcen nicht verfügbar sind oder über ihre Verfügbarkeit nicht allein von der Verwaltung zu entscheiden ist –, aber zumindest eine Handlungsvollmacht, soweit sie im institutionellen Rahmen von Verwaltungsarbeit bleibt. Aber es ist durchaus möglich, dass die Problembearbeitung auch durch private Organisationen erfolgen kann. Die Verfahrens- und Ergebnisverantwortung – nicht Produktionsverantwortung – bleibt bei der öffentlichen Verwaltung. Letztlich ist es Sache politischer, verfahrensmäßig gebundener Entscheidungen, was jenseits des skizzierten Pflichtbereiches Sache öffentlicher Verwaltungen zu sein hat.

Erforderlich ist dafür eine Analyse von Struktur und Wertbezug gesellschaftlich-politischer Probleme, um die Angemessenheit administrativer Problembearbeitung[133] – auch im Unterschied zu anderen – zu bestimmen. Dabei ist zu klären, ob sich dies verfassungsrechtlich oder aufgrund anderer Rechtsnormen ergibt, ob sie sich in der Tradition verwaltungsmäßiger Problembearbeitung oder in Funktionsbedingungen des politisch-gesellschaftlichen Systems legitimiert[134].

Natürlich gibt es immer Grenzbereiche, welche sich wandelnden Anschauungen unterliegen wie die wirtschaftliche Betätigung[135] oder neuerdings auch das kulturelle Engagement von Gemeinden.

Öffentliche Verwaltungen können verstanden werden als „Agentur", durch welche sich individuelles Leben als gesellschaftliches staatlich verfasst entfaltet und verwirklicht. Mit der Ausbildung des staatlichen Gewaltmonopols, und damit mit der Entfaltung individuellen und gesellschaftlichen Lebens als staatlich gewährleistetem und geordnetem, ist es die Verantwortung öffentlicher Verwaltungen, nicht nur gesellschaftliche Strukturen abzubilden und auszubilden sowie Problemzuordnungs- und Problembearbeitungsmöglichkeiten anzubieten, sondern auch der innovativen Entwicklung der staatlich verfassten Gesellschaft in ihren Individuen und Assoziationen einen Ordnungsrahmen zu geben und Gestaltungen zu fördern.

In dem Maße, wie die Komplexität der Lebensverhältnisse zunimmt und ihre individuelle Beherrschbarkeit abnimmt, ergeben sich korrespondierende Aufgaben öffentlicher Verwaltungen von Beratung über organisatorische Hil-

---

133 Die Eigenart administrativer Problembearbeitung kennzeichnet unterschiedliche Organisationsformen, Instrumente und Arbeitsweisen. Gemeinsam sind aber Gleichbehandlung, Sicherheit, Kostenunabhängigkeit, Nachprüfbarkeit; vgl. auch oben 2.2-2.5

134 Erg. Hans Peter Bull, Zivilgesellschaftliche Eigenverantwortung versus bürokratische Aufgabenerfüllung in: Gerd Winter (Hsg.): Das Öffentliche Heute, Baden-Baden 2002, S. 127-134 (S. 131 f)

135 Erg. Olaf Otting, Neues Steuerungsmodell und rechtliche Betätigungsspielräume der Kommunen, Köln 1997

fen bis zur Bereitstellung konsumierbarer Leistungen. Das Schwergewicht liegt bei Beratung und organisatorischen Hilfen.

Aufgabe öffentlicher Verwaltungen ist die Gestaltung des „Öffentlichen“[136] – auch in Zusammenarbeit oder in Konkurrenz zu privaten bzw. medialen, öffentlich wirksamen Aktivitäten –, sei es direkt, sei es indirekt, indem sie öffentlich-gesellschaftliche Prozesse allein oder in Zusammenarbeit mit anderen Staatsorganen (Gesetzgebung) – soweit erforderlich – „ordnen“ und „sichern“. Damit soll keine Vermengung von staatlichen Aufgaben und öffentlichen Angelegenheiten vorgenommen werden[137]. Die Kompetenz und Verantwortung öffentlicher Verwaltungen, insbesondere im Kommunalbereich, geht aber weiter als nur Wahrnehmung hoheitlicher Aufgaben und solchen, welche von gesetzeswegen zu staatlichen Aufgaben erklärt wurden. Es geht letztlich darum, die kommunale Lebens- und Entwicklungsfähigkeit zu sichern. Dies erfordert eine flexible Anpassungsfähigkeit in den wahrzunehmenden Aufgaben.

Zu verweisen ist wiederum auf die neuen Aufgaben vor allem im Kommunalbereich, welche sich beispielsweise aus dem demografischen Wandel oder dem unsoliden Arbeitsmarkt ergeben. Der damit verbundene soziale Wandel betrifft eine Vielzahl von Bürgerinnen und Bürgern und hat neue Aufgaben für die Kommunen zur Folge – nicht nur im Sozialleistungsbereich, sondern auch in der Vermittlung von Lebensbezügen.

Zu nennen sind auch Entwicklungen in Wirtschaft und Beschäftigung mit Auswirkungen auf die räumlichen Nutzungszusammenhänge und die städtebauliche Steuerung in den Kommunen[138]. Andere, ebenfalls komplexe Aufgaben für die Kommunen ergeben sich aus der lokalen Agenda 21[139].

Letztlich geht es darum, eine funktionsfähige Öffentlichkeit, d.h. eine befriedete, kommunikative, freiheitliche und existenziell gesicherte zu vermitteln.

Es gibt eine Vielzahl von Angelegenheiten, welche öffentlich sind, ohne dass sie auch schon eine Verwaltungssache zu sein haben. Abwegig wäre es, aus der Zahl der Interessenten oder Betroffenen ableiten zu wollen, ob es sich

---

136 Hierzu Peter Uwe Hohendahl, u.a., Öffentlichkeit, Stuttgart 2000. In diesem Zusammenhang wird auch von „den öffentlichen Gütern“ gesprochen, das sind Güter, für deren Bereitstellung aufgrund von Problemen der Zugänglichkeit oder sachlicher Eigenschaften eine öffentliche Verantwortung besteht, welche sich ausdrückt in bestimmten Qualifikationsanforderungen, Finanzierungs- und Produktionsformen u.a.. Die öffentliche Verantwortung begrenzt sich dabei häufig darauf, dass solche Güter bereitgestellt werden, z.B. durch den „Dritten Sektor“ entsprechend eines abgestuften Staatsaufgabenkonzeptes, Adelbert Evers u.a., Von Öffentlichen Einrichtungen zu sozialen Unternehmen, Berlin 2002, S. 17f.; allg. Alfred Rinken, Geschichte und heutige Valenz des Öffentlichen, in: Gerd Winter (Hsg.): Das Öffentliche Heute, Baden-Baden 2002, S. 7-74.

137 Hierzu Hans Peter Bull, Die Staatsaufgaben nach dem Grundgesetz, Kronberg/Ts. 1977, S. 47ff. , S. 448

138 Nutzungswandel und städtebauliche Steuerung, in: difu-Informationen 1/2003, S. 4-7

139 Lokale Agenda 21 und nachhaltige Kommunalentwicklung, in: difu-Informationen 1/2003, S. 16-19

um ein öffentliches, verwaltungsmäßig zu bearbeitendes Problem handelt oder nicht. Die Frage lautet dann, ab wieviel Betroffenen ist ein Problem kein nur individuelles, von welcher Qualität an ist es ein öffentliches Problem, eine Angelegenheit öffentlicher Verwaltungen. Lange Zeit wurde beispielsweise Umweltverschmutzung nicht als öffentliches Problem gesehen und also auch nicht verwaltungsmäßig bearbeitet. Das „Öffentliche" unterliegt ständigen Veränderungen in Verbindung mit gesellschaftlicher Entwicklung z.B. Veränderung der Gesellschaft, der Individuen, der Organisationen. Es bildet sich im Verhältnis von Staat und gesellschaftlichen Gruppen bzw. Staat und organisierten wirtschaftlichen oder sozialen Interessen[140]. Das neue Leitbild der Zivilgesellschaft meint nichts anderes als eine spezifische Form von „Öffentlichkeit", Gestaltung von öffentlichen Prozessen und Verantwortung hierfür[141]. Letztlich wird etwas durch politische Entscheidung der Verfassung, des Gesetzgebers, von Gerichten, evtl. auch der Verwaltungen selbst zu einer öffentlichen, verwaltungsmäßig zu bearbeitenden Sache.

Nur solche Probleme als Sache öffentlicher Verwaltungen anzusehen, welche eine öffentliche Beachtung erfahren, entspricht zwar häufig der Praxis, ist aber kein abschließendes Kriterium für Aufgaben öffentlicher Verwaltungen. Wäre dem so, würde der Zweck des Staates mit der Wahrnehmung öffentlich beachteter Probleme gleichgesetzt – wofür es zwar theoretische Begründungsmöglichkeiten geben mag, was aber nicht dem Staatsverständnis des Grundgesetzes entspricht. Wie zuvor ausgeführt, ist es nach dem Grundgesetz auch Sache des Staates, und das heißt auch Sache öffentlicher Verwaltungen, den verfassungsrechtlich gewährleisteten Status des einzelnen (im Rahmen der Gesetze) zu sichern (z.B. Minderheitenschutz, Menschenwürde), was beispielsweise individuelle Sozialleistungen erfordern kann.

Wichtig ist, dass öffentliche Verwaltungen nicht nur eine Vielzahl von Aufgaben im Sinne ihrer „Grundfunktion" wahrnehmen, sondern dass ihre „Metafunktion" zum Tragen kommen kann. Die Metafunktion bedarf der Leistungen in der Grundfunktion. Sie entwickelt sich prozesshaft, dialektisch-dialogisch. Es gibt nicht „die" Metafunktion, sondern in der Alltagspraxis gestaltet sie sich aus der Situation einer Gesellschaft, ihren Ansprüchen und Interessen und aus den Grundfunktionen, welche öffentliche Verwaltungen durch ihre Organisation konkret erfüllen und zu erfüllen haben. Es hängt vom Zustand der Gesellschaft, von den Lebenslagen der Individuen und den politischen Entscheidungen ab, welche Leistungen in welcher Art und Weise jeweils erforderlich sind. Es sind aber immer Leistungen, welche die Struktur der Gesellschaft, Verhaltenssicherung und Entwicklungsfähigkeit betreffen.

Die Argumentation ist grundsätzlich zu führen. Letzte Bezugspunkte zur Bestimmung des Kompetenzbereiches und der Verfahrensweise öffentlicher

---

140 Hierzu Karl-Heinz Ladeur, Öffentlichkeit, öffentliche Aufgaben und die Logik der Netzwerke, in: Gerd Winter (Hsg.): Das Öffentliche Heute, Baden-Baden 2002, S. 75-100 (S. 77)

141 Karl-Heinz Ladeur, a.a.O., S. 99

Verwaltungen als Notwendigkeit ihrer Aufgabenwahrnehmung sind neben der Verfassung anthropologische, sozioökonomische und (macht-)politische Bedingungen des Lebens von Individuen und Gesellschaft und die Funktionsbedingungen eines politischen Systems als geordnetem und entwicklungsfähigem. Diese Legitimationskriterien sind in ihrem Inhalt nicht konstant. Anthropologische Bedingungen sind in der menschlichen Natur begründet, wie sie jeweils zu einer bestimmten Zeit an einem bestimmten Ort in einer bestimmten Weise zum Ausdruck kommen.

Da es sich um offene Bezugsmöglichkeiten und Begründungen für öffentliche Verwaltungen, insbesondere ihrer Metafunktion handelt, kann als Antwort nur gegeben werden: Die Möglichkeit öffentlicher Verwaltungen als Bedingung zur Erfüllung ihrer Grundfunktion und als Möglichkeit der Wirksamkeit ihrer Metafunktion im Sinne von Problemzuordnungen, Strukturierungen und Förderung ist zu sichern. Diese „Sicherung" ist von der Verwaltung selbst, ebenso aber auch von der legislativen und judikativen Gewalt vorzunehmen. Die Konkretion ist zeit- und situationsbedingt.

Die Analyse notwendiger und möglicher Verwaltungsaufgaben und der politisch-gesellschaftlichen Funktion öffentlicher Verwaltungen ergibt: Öffentliche Verwaltungen genießen nicht nur von verfassungswegen einen institutionellen Bestandsschutz. Öffentliche Verwaltungen, insbesondere Kommunalverwaltungen, müssen – wie kurz ausgeführt – auch personell und sachlich so ausgestattet sein, dass sie die ihnen zugewiesenen Aufgaben in angemessener Zeit und entsprechend der gesetzlichen und funktionalen Qualitätsanforderungen (hierzu Kap. 5.) erledigen können und dass sie auch in der Lage sind, jederzeit kurzfristig auf neue politische oder gesellschaftliche Problemlagen zu reagieren, diese zu bearbeiten[142]. Die Beschäftigten öffentlicher Verwaltungen müssen in einer Weise qualifiziert sein, dass sie in ihrer Arbeit der Eigenart des öffentlichen Dienstes und den Sachanforderungen der verschiedenen Aufgaben entsprechen können.

Bausteine eines theoretischen Rahmens für das „Wofür" sind

- die Wertordnung des Grundgesetzes, d.h. die Sicherung von Freiheit und der Möglichkeit freier Entfaltung in rechtlicher Ordnung, das Recht als Bedingung von Freiheit, Sozialstaatlichkeit als Bedingung für die Entfaltung von Freiheit, d.h. für eine eigenverantwortliche Lebensgestaltung, und Demokratie als Integrationsmedium und Strukturierung der Gesellschaft.
- Die Bedürftigkeit der Individuen und freigesellschaftlichen Vereinigungen nach organisatorischer Förderung zur Erhaltung von Ordnung und Entfaltungsmöglichkeiten
- die Funktionserfordernisse des politischen Systems.

---

142 Nach dem Grundgesetz gibt es also weder nur einen Gewährleistungsstaat noch einen Minimalstaat, hierzu Thomas Kersting, Zwischen Gewährleistungsstaat und Minimalstaat, in: Wolfgang Hoffmann-Riem/Eberhard Schmidt-Aßmann (Hsg.): Verwaltungsrecht in der Informationsgesellschaft, Baden-Baden 2000, S. 101-131

5. Gestaltung öffentlicher Verwaltungen, insbesondere Kommunalverwaltungen – oder: Öffentliche Verwaltungen, wie?

Die Diskussionen um eine Neukonzeptionalisierung öffentlicher Verwaltungen sind diffus. Die dafür häufig verwendeten Schlagworte sind

- Verwaltung als Kostenfaktor
- Verwaltung als Agentur wettbewerbsfähiger Sozialstaatlichkeit
- Verwaltung als Dienstleister
- Verwaltung als Ordnungs- und Sicherheitsgarant
- Verwaltung als Moderator und Impulsgeber (Innovationsträger)
- .....
- .....

Welche Art von Verwaltung, welche Organisation ist dabei jeweils gemeint? Gibt es – im historischen Rückblick – die spezifische Verwaltungsorganisation oder ist diese aufgaben-, zeit- und situationsbedingt? Geht es angesichts der vielfältigen, unterschiedlichen Ansprüche um die Kontinuität öffentlicher Verwaltungsorganisationen oder um die Kontinuität staatlich gewährleisteter Aufgabenwahrnehmung und -erledigung in vielfältigen organisatorischen Ausformungen?

In dem Vorkapitel haben wir Antworten zu der Frage nach möglichen und notwendigen Aufgaben öffentlicher Verwaltungen, also zu dem „Wofür" öffentlicher Verwaltungen notiert. Damit verbinden sich aber nicht unmittelbar Aussagen über das „Wie" z.B., ob öffentliche Verwaltungen Aufgaben in eigenen Einrichtungen zu erledigen haben, oder ob sie die Erledigung nur gewährleisten müssen. In beiden Fällen ist mit einer grundsätzlichen Bestimmung der Verantwortung öffentlicher Verwaltungen noch nichts über die Organisation – und/oder Rechtsform – ausgesagt, in welcher die Aufgabenerledigung erfolgen kann, zu erfolgen hat. Ansatzpunkte für eine Antwort auf die Frage nach dem „Wie" der Aufgabenerledigung können sich aus der „Natur der Sache", d.h. aus Status und Funktion einer Aufgabe im und für das politische System ergeben, z.B. ob es sich um eine sehr risikobehaftete Aufgabe handelt oder um eine, bei deren Erledigung Kommunikation und Interaktion mit der Klientel wichtig sind. Gestaltungsanforderungen können sich ergeben aus einem situationsabhängigen Steuerungsbedarf, aus bestimmten Qualitätsanforderungen wegen begrenzt verfügbaren personellen oder sächlichen Ressourcen, wegen der Arbeitsorganisation, aus dem Anspruch der Sozialverträglichkeit der Verfahren und natürlich aus Rechtsvorschriften.

Letztlich geht es darum, dass öffentliche Verwaltungen wirken, unter Umständen in einer bestimmten Weise etwas bewirken sollen. Zulässig sind damit alle Gestaltungen, durch welche eine Leistung, ein Ergebnis bewirkt werden können. Einschränkungen ergeben sich aus (verfassungs-)rechtlichen Vorgaben und Bindungen, ebenso aber auch aus dem Umstand, dass eine z.B. private und nur verwaltungsmäßig gewährleistete Erledigungsform nicht zur Verfügung steht.

Ein drittes, allgemeines Kriterium wäre, ob eine Aufgabe nur dann effizient und effektiv erledigt werden kann, wenn es im öffentlich-rechtlichen Verwaltungshandeln geschieht.

Weitere Differenzierungen und Spezifizierungen für die Aufgabenerledigung ergeben sich aus den allgemeinen Organisationskriterien einer politisch legitimierten, rechtsstaatlich gebundenen, klientengerechten, arbeitsgerechten, sparsamen und sozialverträglichen, effizienten, risikobegrenzten und effektiven Aufgabenerledigung, Produktion. Letztlich geht es hierbei immer um die Entwicklung einer optimalen Gestaltung, wobei sich Grundtypen aus der aufgabenbezogenen Wertigkeit der einzelnen Faktoren, also z.B. Klientenfreundlichkeit, Arbeitsangemessenheit, Sparsamkeit, Risikobegrenzung u.a. , ergeben können.

Die Frage nach dem „Wie“, d.h. in welcher Organisationsform und mit welchen Verfahren öffentliche Verwaltungen, insbesondere Kommunalverwaltungen, ihre Aufgaben zu erfüllen haben bzw. erfüllen können, hängt so von Art und Umfang der Verantwortung ab, welche im Beispiel der Kommunalverwaltungen eine Kommune in der jeweiligen Aufgabenerfüllung zu praktizieren hat.

Eine Analyse der Verwaltungsinstrumente kann deutlich machen, dass es für die Erledigung öffentlicher Aufgaben ein breites Formenspektrum gibt. In den im Vorkapitel vorgestellten Funktions- und Aufgabenbereichen besteht eine Verwaltungsverantwortung[143], was ihre Erledigung betrifft. Eine Beteiligung Privater ist aber insoweit bei der Aufgabenerfüllung zulässig, als sich aus der Art der Aufgabe und ihrem politisch-gesellschaftlichen Status nicht ergibt, dass ihre Erledigung entsprechend der Eigenart öffentlicher Verwaltungen nur durch öffentliche Verwaltungen erfolgen kann[144], was auch Begrenzungen für eine Privatisierung beinhaltet[145].

---

143 Gunnar Folke Schuppert, Die öffentliche Verwaltung im Kooperationsspektrum staatlicher und privater Aufgabenerfüllung: Zum Denken in Verantwortungsstufen, in: Die Verwaltung 4/98, S. 415-447

144 Erg. hierzu Ulrich Penski, Staatlichkeit öffentlicher Verwaltungen und ihre marktmäßige Modernisierung, in: DÖV 1999, H. 3, S. 85-96

145 Grundlegend hierzu Christof Gramm, Privatisierung und notwendige Staatsaufgaben, Berlin 2001; vgl. auch Karl-Heinz Ladeur, Öffentlichkeit, öffentliche Aufgaben und

Verwaltungsentwicklung und -gestaltung ist deshalb insgesamt nicht allein auf primäre Produktionsziele auszurichten, sondern hat auch so zu nennende „sekundäre Effekte" (Verfahrenseffekte) zu beachten.

Es geht auch darum, wie die Beispiele Stadtentwicklung und Förderung der Bürgergesellschaft zeigen, mittelfristige Zielorientierungen zu berücksichtigen, das „Notwendige" und „Wünschbare" zu verbinden. Entscheidend ist dann zum Beispiel die Fähigkeit für ein „ansteckendes" innovatives Engagement, welches Bürger zu Beteiligten und Mitgestaltern eines Prozesses macht [146].

Weiter ausgreifend verbindet sich damit die Diskussion um den aktivierenden Staat[147], d.h. der Frage, in welchem Umfang die Bürger selbst öffentlich wirksame Leistungen erstellen, in welchem Umfang sie eigenverantwortlich in einen Erstellungsprozess einbezogen werden. Im ersten Fall geht es vor allem darum, welche Vorarbeiten und Zuarbeiten öffentliche Verwaltungen erbringen, um Bürgerarbeit zu ermöglichen und abzusichern. Im zweiten Fall geht es um die Gestaltung der Kooperation, die Einrichtung verlässlicher Schnittstellen und die Sicherung eines ausreichenden und vertrauenswürdigen Informationstransfers.

In dem Maße, in dem der Staat und seine Verwaltungsleistungen zunehmend in die Schere zwischen wachsenden Ansprüchen und abnehmenden Ressourcen geraten, ist die Leistungsfähigkeit öffentlicher Verwaltungen in diesen Bereichen besonders gefragt. Da es sich hierbei weitgehend um neue Aufgabenfelder handelt, ist die Leistungsfähigkeit gleichzeitig eine Frage nach der Qualität und nach den Instrumenten[148].

Im Vordergrund organisatorischer Gestaltungen hat also nicht die Frage nach der Organisation zu stehen, sondern die Frage nach den politisch-gesellschaftlichen Funktionen, die öffentliche Verwaltungen, insbesondere Kommunalverwaltungen, jetzt und künftig zu erfüllen haben. Dies impliziert gleichzeitig, dass es nicht um eine Einheitlichkeit der Verwaltung gehen

---

die Logik der Netzwerke, in: Gerd Winter (Hsg.): Das Öffentliche Heute, Baden-Baden 2002, S. 75-100 (S. 75 m.w.N.)

146 Vgl. in diesem Zusammenhang zu den Leitbildern des aktivierenden Staates und der Bürger- bzw. Zivilgesellschaft Gunnar Folke Schuppert, Aktivierender Staat und Zivilgesellschaft in: Gerd Winter (Hsg.): Das Öffentliche Heute, Baden-Baden 2002, S. 101-126; Wolfram Lamping u.a., Der Aktivierende Staat – Positionen, Begriffe, Strategien, Friedrich-Ebert-Stiftung, Bonn 2002; Marga Pröhl, u.a. (Hsg.), Bürgerorientierte Kommunen in Deutschland – Anforderungen und Qualitätsbausteine, Bd. 1-3, Bertelsmann-Stiftung Gütersloh 2002/2003, Jörg Bogumil/Lars Holtkamp, Bürgerkommune konkret – Vom Leitbild zur Umsetzung, Friedrich-Ebert-Stiftung, Bonn 2003

147 Vgl. etwa Gunnar Folke Schuppert, Aktivierender Staat und Zivilgsellschaft, a.a.O., S. 101-126; Wulf Damkowski/Anke Rösener, Auf dem Weg zum Aktivierenden Staat, Berlin 2003

148 Zu einzelnen kostenrelevanten Faktoren und ihren theoretischen Einordnungen vgl. Franz-Xaver Bär/Elisabeth Göbel, Organisation, Theorie und Gestaltung, Stuttgart 1999, insbes. S. 124 ff.; sieh auch oben 2.3

kann, sondern dass die organisatorischen Gestaltungen von der Aufgabenstellung auszugehen und die Adressaten und damit die gesellschaftlichen Differenzierungen zu berücksichtigen haben.

5.1 Verwaltungsmodernisierung

Die Leistungsfähigkeit öffentlicher Verwaltungen wird durch die Art und Weise ihrer Strukturierung und Prozessgestaltung, die Qualifikation und das Engagement ihrer Mitarbeiterinnen und Mitarbeiter sowie ihre institutionelle Stabilität bestimmt. Die Formalisierung von Prozessen und Strukturen (Verfahrensregeln, Kompetenzzuordnungen, Hierarchien, Besoldungsregeln usw.) verleihen einer Verwaltungsorganisation Stabilität und Verlässlichkeit. Die darin wieder zu findende Bürokratie hat auch positive Auswirkungen für eine aufgabenorientierte, kooperative, konfliktarme, leistungsfähige und nachvollziehbare Verwaltung.

Gegenüber früheren Versuchen der Verwaltungsmodernisierung ist die gegenwärtige Situation dadurch bestimmt, dass in mehreren Bereichen Neuland betreten wird[149]:

- Betroffen von den Modernisierungsversuchen sind erstmals nicht nur spezifische Aspekte der öffentlichen Verwaltung, sondern die Aufgaben der Verwaltung und nahezu alle bestehenden Organisations- und Handlungsformen.

Dementsprechend sind die Lösungsvorschläge breit gefächert und verlassen explizit die traditionellen Muster, nach denen öffentliche Verwaltung organisiert wird. Der verwaltungspolitische Modernisierungsdiskurs ist derzeit eindeutig betriebswirtschaftlich dominiert, was auch in der Terminologie („Konzern", „Produkt") deutlich wird. Mittels ökonomischer Modelle (Property Rights; Principal-Agent-Beziehungen u.a.m.) wird versucht, eine weitestgehende betriebswirtschaftliche Interpretation öffentlicher Aufgaben durchzuführen, wobei dann folgerichtig der Begriff der „Verwaltungsleitung" durch den des „Management" ersetzt wird.

- Die dargestellten Bausteine und Maßnahmen kennzeichnet vor allem eine Binnenorientierung.

Eine ernsthaft betriebene Verwaltungsmodernisierung muss die Außenperspektive, d.h. das Verhältnis der Verwaltung zu ihrer Umwelt, insbesondere ihrer Klientel, die Qualität ihrer (neuen) Aufgaben und ihre politische Funktion in den Blick nehmen.

---

149 Wolfgang Gerstlberger/Klaus Grimmer/Martin Wind, Innovationen und Stolpersteine in der Verwaltungsmodernisierung, ebd. Sigma Berlin 1999

- Entgegengestellt wird den zuvor genannten Ansätzen ein erweiterter Wirtschaftlichkeitsbegriff, dem Produktionsformen und Produktivität öffentlicher Verwaltungen zu unterstellen sind, da enge betriebswirtschaftliche Kostenrechnungen und Produktivitätsbeurteilungen den mehrdimensionalen Zielsetzungen, denen öffentliche Aufgaben und ihre Erledigung unterliegen, nicht gerecht werden können.

In den 60er und 70er Jahren wurde die Auseinandersetzung um Planung und Management der öffentlichen Verwaltung auf politik- und planungswissenschaftlicher Ebene geführt – obwohl auch damals betriebswirtschaftlich orientierte Organisations- und Managementkonzepte (Management by Objectives, Management by Delegation usw.) Gegenstand der Auseinandersetzung waren. Die Überzeugung, heute von privatwirtschaftlichen Konzepten lernen zu können, beruht aber nicht ausschließlich auf den prekären Lagen der öffentlichen Verwaltungen, sondern ist das Produkt einer Annäherung: Gegenwärtig werden im Wirtschaftsbereich entsprechend dem öffentlichen Sektor Versuche unternommen, Produktion und Produktivität neu zu bewerten. Genannt seien nur der Abschied von der Massenproduktion hin zur Einzelfertigung auf hohem Niveau und die Einführung von erweiterten Wirtschaftlichkeitsrechnungen oder Sozial- und Ökobilanzen.

Es werden hohe Erwartungen an die verschiedenen Versuche der Verwaltungsmodernisierung geknüpft. Zu Grunde liegt ein „rationales" Politikmodell als Grundvorstellung, das auf Vorstellungen von kybernetischen Regelkreisen mit Rückmeldeschleifen beruht. Dabei werden sowohl politische Einbindungen von Kommunalverwaltungen als auch der Zusammenhang von Organisation und ihrer Umwelt und die sehr interessegeleiteten Kopplungsverhältnisse zwischen zentralen, leitenden und koordinierenden und dezentralen oder verselbständigten Einheiten in ihren theoretisch-praktischen Bedeutungen vernachlässigt.

Die Schwierigkeiten organisatorischer Gestaltungen liegen darin begründet, dass immer mehrere Ziele gleichzeitig zu realisieren sind, z.B. politikbezogene, kundenbezogene, mitarbeiterbezogene Ziele, aber auch Sparsamkeit u.a. Vorweg sind bestimmte rechtliche Vorgaben zu beachten.

Eigenart öffentlicher Verwaltungen ist es, dass aufgrund ihres verfassungsrechtlichen und systempolitischen Auftrages ihre Gestaltung und ihre Produktionsprozesse vorrangig qualitativen Kriterien unterliegen und erst an zweiter Stelle wirtschaftliche, wettbewerbsbezogene oder kostenbezogene Kriterien entsprechend privatwirtschaftlichen Einrichtungen zum Tragen kommen können. Effizienz ist ein typischer Verwaltungsgrundsatz[150]. Es geht um ein erfolgreiches Bewirken von Wirkungen. Aber Effizienz ist schwer zu bestimmen, da – wie gesagt – in der Verwaltungsarbeit immer mehrere Ziele gleichzeitig zu realisieren sind. Effizienz ist also auch Ergebnis eines Opti-

150 Walter Leisner, Die undefinierbare Verwaltung, Berlin 2002, S. 97ff.

mierungsprozesses und kann in sehr unterschiedlichen Organisationsformen realisiert werden[151].

Verwaltungsgestaltung hat darauf zu achten, dass die politisch-gesellschaftliche Funktion öffentlicher Verwaltungen nicht nur im Gesetzesvollzug und in der Leistungsbereitstellung oder in Planungsmaßnahmen liegt, also in ihrer Grundfunkunktion, sondern dass ihre „Meta-Funktion" wirksam sein kann: strukturierende Wirkung in die Gesellschaft, Zuordnung von Problemen und Benennung von Problemwahrnehmungsmöglichkeiten, organisatorische Sicherung von Freiheit, Vermittlung von Idenditätsbezügen und Innovationsmöglichkeiten, Gemeinwohlhoffnung.

Über die Wahrnehmung der Meta-Funktion ergibt sich die Zusammenführung unterschiedlicher gesellschaftlicher Gruppen und Organisationen und der verschiedenen öffentlichen und staatlichen Einrichtungen zur staatlich verfassten Gesellschaft, gewinnt der Staat seine Integration und Handlungsfähigkeit.

Der Verlust der Meta-Funktion öffentlicher Verwaltungen, insbesondere von Kommunalverwaltungen, würde eine tiefgreifende Veränderung des politisch-gesellschaftlichen Systems – letztlich der Ersetzung von Recht durch Macht, von Solidarität durch Eigennutz, von Gemeinwohlorientierung durch Individualinteressen, von organisierter Freiheit durch Chaos beinhalten.

5.2 Organisationsmodelle

Die Frage nach der bestmöglichen Verwaltung zu einer bestimmten Zeit für bestimmte Aufgaben hat die Funktionenvielfalt, das breite Leistungsspektrum, die Wechselwirkung von „Wofür" und „Wie" und die Vieldimensionalität der Ziele und die, bezogen auf die Umwelt, dialektische Prozessnatur der Verwaltungsentwicklungen im Blick zu behalten.

Zur Erledigung öffentlicher Aufgaben stehen eine Vielzahl von organisatorischen Gestaltungen zur Verfügung. Diese reichen vom Grundtyp der Behörde, des Amtes einschließlich von Regie- und Eigenbetrieben über privatrechtliche Gesellschaften und Public-Private-Partnerships bis zur Beleihung von Unternehmen oder Aufgabenerledigung durch Einrichtungen des Dritten Sektors unter staatlicher Kontrolle[152]. Eine Begrenzung möglicher

151 Zu den Ergebnissen der Verwaltungsmodernisierung: Werner Jann u.a., Status-Report-Verwaltungsreform. Eine Zwischenbilanz nach zehn Jahren. Modernisierung des öffentlichen Sektors 24, Berlin 2004

152 Zu verschiedenen Organisations- und Kooperationsmodellen vgl. allg. Hartmut Maurer, Allgemeines Verwaltungsrecht, 13. Aufl., München 2000, S. 504ff.; Adalbert Evers, Von Öffentlichen Einrichtungen zu sozialen Unternehmen – Hybride Organisationsformen im Bereich sozialer Dienstleistungen, Berlin 2002, S. 13f., S. 20ff.; zur zweckmäßigen oder notwendigen Leistungstiefe öffentlicher Einrichtungen und zu

Gestaltungstypen ergibt sich aus den Wirkungserfordernissen und den oben dargestellten Kriterien.

Bezogen auf die verschiedenen hier entfalteten Funktionen und Aufgaben öffentlicher Verwaltungen lassen sich, unabhängig von den Zielsetzungen und Gestaltungsmöglichkeiten im einzelnen, bestimmte Arbeitsmodelle konstruieren, mit denen jeweils bestimmte Zielbündel besser als mit anderen verwirklicht werden können.

Zu unterscheiden ist zwischen

- Bürgermodellen (1)
- Innovationsmodellen (2)
- Kostenmodellen (3).

Zusätzlich können benannt werden

- Leistungsmodelle (4)
- Ordnungsmodelle (5)
- Partizipationsmodelle (6)
- Risikomodelle (7)

wobei nochmals zu unterscheiden ist zwischen Verwaltungsmodell und Rechtsform. Mit dem Verwaltungsmodell werden bestimmte Anforderungen an die Organisationsgestaltung, Qualifikation, Interaktion, Kommunikation und Kontrollformen zum Ausdruck gebracht. Das zu wählende Modell ergibt sich aus der Aufgabenstellung bzw. den Produkten, welche zu erarbeiten sind.

(1) Bürgermodelle heißt die klientenfreundliche Gestaltung der Kontakte zwischen Verwaltung und Bürger in den Blick zu nehmen sowie eine Konzentration der Schnittstellen Verwaltung und Bürger und eine innovativ-anregende Tätigkeit der Verwaltung. Einfache Formen des Bürgermodelles realisieren sich in Bürgerbüros oder Einwohnerämtern, anspruchsvollere Formen verbinden sich mit den Vorstellungen der Bürgerkommune.

(2) Mit Innovationsmodellen wird von seiten der Verwaltung versucht, auf einem bestimmten Sachgebiet oder in einer Kommune insgesamt anregend und entwicklungsfördernd tätig zu sein. Innovationsmodelle müssen also felxibel gestaltet sein und hohen qualitativen Anforderungen genügen. Hier können Public-Private-Partnerships empfehlenswert sein.
Innovationsmodelle bedarf es bei einer Vielzahl neuer Verwaltungsaufgaben, z.B. bei der Verbindung von Sozialhilfe und Arbeitslosengeld II auf kommunaler Ebene. Hier zeigt sich eine neue Entwicklung: Von der

---

Kooperationsformen Frieder Naschold u.a., Leistungstiefe im öffentlichen Sektor, Berlin 1996

bisherigen Verwaltungsorganisation zu einer Mischform, ausgerichtet nach Lebenslagen (und Effizienz).

(3) Mit Kostenmodellen wird ein Verwaltungsmodell bezeichnet, bei dem öffentliche Verwaltungen vor allem Routineaufgaben zu erledigen haben, welche weder besondere Anforderungen an die Interaktion und Kommunikation noch an die Gefahrenabwehr stellen. Hier können also betriebswirtschaftliche Aspekte der Organisationsgestaltung d.h., optimale Strukturen der Leistungserfüllung, im Vordergrund stehen.

(4) Kennzeichen der Leistungsmodelle ist eine strikte Rechtsbindung und Klientenorientierung. Es realisiert sich in der Organisationsgestaltung und Qualifiaktion der Beschäftigten, so dass Leistungspflichten und Leistungsansprüche vollständig in einer den Adressaten adäquaten Weise erfüllt werden.

(5) Unter dem Begriff der Ordnungsmodelle werden die Organisationstypen zusammengefasst, mit denen weitgehend routinisierte Arbeiten z.B. im Einwohnerwesen erledigt werden, welche also bürokratisch durchgestaltet sind und einen hohen Einsatz von IuK-Technologie ausweisen; insofern handelt es sich hier häufig um einen Unterfall des Kostenmodells – aber nicht nur, wie z.B. Baugenehmigungsverfahren zeigen.

(6) Partizipationsmodelle sind darauf ausgelegt, dass die Beschäftigten einer Verwaltung die Arbeitsprozesse verantwortlich mit gestalten können. Es ist angezeigt, bei kundenbezogenen und innovativen Aufgaben für die Beschäftigten eigene Verantwortungs- und Gestaltungsbereiche vorzusehen. Zweckmäßigerweise ist Partizipation aber nicht auf diese Aufgabenbereiche beschränkt.

(7) Die Risikomodelle finden ihren Ausdruck vor allem in den Qualifikationsanforderungen an das Personal und an die strikte Einhaltung, d.h. Kontrolle von Sicherheitsstandards. Es hat zur Anwendung zu kommen unter anderem im Bereich der Bauverwaltung, im Umweltschutz und insbesondere in der Technikverwaltung.

Die Rechtsform bezeichnet demgegenüber die rechtlich formale Ausgestaltung der Verwaltungsmodelle, sei es als Behörde bzw. Amt, als Eigenbetrieb oder Regiebetrieb, sei es als öffentliches Unternehmen oder als privates Unternehmen, als Körperschaft, als Anstalt oder Stiftung oder sei es eine Einrichtung in der Form der Public-Private-Partnership[153]. Sie verbindet sich mit Formalisierungsanforderungen und Haftungsregeln. Die Rechtsform ist entweder vorgegeben oder folgt dem Verwaltungsmodell (Arbeitsmodell).

Beispiel Kulturbetrieb einer Gemeinde: Hier sind Organisationsformen von „Amt“ über Stiftung bis zu Public-Private-Partnership oder private Rechtsformen bei Gewährleistungsträgerschaften der öffentlichen Hand oder ohne diese möglich. Die Arbeitsorganisation muss in diesem Beispiel immer

153 Zu letzterem Dietrich Budäus/Gernot Grüning, Verwaltungsreform und Public-Private-Partnership in: Jahrbuch zur Staats- und Verwaltungswissenschaft, Bd. 9/1996, S. 109-149

einen Bürgerbezug und Innovationsmöglichkeiten vorsehen, beide sind Voraussetzungen für einen erfolgreichen Kulturbetrieb.

Insbesondere im Kommunalbereich sind unter Gesichtspunkten der geographischen Lage, der Kosten, der Aufgabenzusammenhänge und ähnlichem auch neue Gestaltungsmöglichkeiten zu diskutieren, wie die Stadtregion oder die Kreisregion[154].

Stärker als bisher geschehen, ist zu prüfen, ob die interkommunale Zusammenarbeit IuK-technisch getragen in der Weise gestärkt werden kann, dass zwar jede Kommune das vollständige Dienstleistungsangebot bereit hält, die Produktion aber für mehrere Kommunen konzentriert erfolgt. Auf diese Weise können auch Dienstleistungsangebote des Landkreises oder von anderen öffentlichen Einrichtungen vor Ort in einem „Front Office" bereitgestellt werden, während die Produktion in IuK-technisch verbundenen „Back Offices" geschieht[155].

Das Konzept erweitert, bedeutet – ähnlich wie bei „Lebenslagebüros" – einen Verbund auch mit Serviceangeboten anderer öffentlicher oder privater Einrichtungen (Sparkassen, Verkehrsbetrieben, Energie- und Wasserbetrieben, Post, öffentlichen Bibliotheken u.a.) in multifunktionalen Serviceläden herzustellen. Dies eröffnet die Möglichkeit, auch in kleineren kommunalen Einheiten bei rückläufiger Bevölkerungs- und Wirtschaftsentwicklung öffentliche Leistungen bereitzustellen[156].

Dass die bisherigen Modellversuche mit solchen Einrichtungen nicht auf Dauer erfolgreich verliefen, liegt nicht in der Sache[157], sondern in den Rahmenbedingungen begründet. Es erfordert nicht nur Kooperationsbereitschaft der beteiligten Einrichtungen, sondern vor allem auch eine Förderung über längere Zeit, um sowohl die notwendigen Abstimmungsprozesse und technischen Realisierungen zu bewältigen, als auch um den zusätzlichen Aufwand so lange tragen zu können, bis sich solche Projekte im größeren Umfang durchgesetzt haben und Synergieeffekte entstehen. Die Schere zwischen Aufwand und Ertrag klafft deshalb erheblich auseinander, weil solche gemeinsamen Serviceeinrichtungen vor allem kleinere und mittlere Kommunen betreffen und die bisherigen Aufwendungen von ihnen neben den zusätzli-

---

154 Werner Heinz (Hsg.): Stadt & Region – Kooperation oder Koordination? Ein internationaler Vergleich, Stuttgart 2000. Akademie für Raumforschung und Landesplanung (ARL), Regionale Verwaltungs- und Planungsstrukturen in Großstadtregionen (Forschungs- und Satzungsberichte, Band 204), Hannover 1999; Bernd Adamaschek/ Marga Pröhl (Hsg.): Regionen erfolgreich steuern, Gütersloh 2003

155 Klaus Lenk: Muss die Bürgerkommune Dienstleistungskommune sein?, in: Hennig Walcher (Hsg.): Diskurs Kommunal: Wissenschaft, Zukunft gestalten, Wesseling 2001, S. 145-147

156 Klaus Lenk/Gudrun Klee-Kruse: Multifunktionale Servcieläden. Ein Modellkonzept für öffentliche Verwaltungen im Internet-Zeitalter, Berlin 2000; Klaus Lenk, Integrierte Dienstleistungszentern – ein flächendeckendes Modell für die Zukunft der deutschen Dörfer? in: Essener Geographische Arbeiten, Bd. 34, Essen 2002, S. 73-83

157 Bernd Kregel (Hsg.): Bürger-Büro Bismarck. Schriftenreihe des Städte- und Gemeindebundes Sachsen-Anhalt, Bd. 5, Magdeburg 1999

chen weiter zu erbringen sind. Soweit solche Serviceeinrichtungen von Sparkassen, Kammern oder anderen Anbietern in ihrer Entwicklung mit finanziert oder „gesponsert" werden, geschieht dies meist nur so lange, wie sich für diese ein materieller oder immaterieller Gewinn ergibt. Wenn solche Einrichtungen ihre Beiträge zurückziehen oder die finanzielle Beteiligung stark mindern, ist es für eine mittlere oder kleine Kommune nicht möglich, eine solche Einrichtung allein weiter zu führen[158].

5.2.1 Organisatorische Gestaltungselemente

Die Gestaltungsmittel einer Verwaltung für ihre Arbeit sind vielfältig. Wenn wir von Gestaltungsmitteln sprechen, so geschieht dies in der doppelten Bedeutung: Gestaltungsmittel der Verwaltung, um einen bestimmten gesellschaftlichen Zustand zu erhalten oder zu verändern, und Gestaltungsmittel zur Gestaltung einer Verwaltung(sorganisation), um fähig zu sein, die erforderliche gesellschaftliche Gestaltung zu bewirken. Gestaltungsmittel im zuletzt genannten Sinne sind, wie bereits in anderem Zusammenhang erwähnt, Einsatz von Personal auf entsprechend vielen oder wenigen Stellen, Qualifikation des Personals, Sachmittel, insbesondere Informations- und Kommunikationstechnik, verfügbares Wissen und zugängige Informationen, Verfahrensregelungen, räumliche Gestaltungen, Auslegung der Interaktions- und Kommunikationsprozesse innerhalb einer Verwaltung, zwischen Verwaltungen und mit der Verwaltungsklientel, insbesondere aber auch die unmittelbar organisatorischen Maßnahmen wie Ausgestaltung der Aufbauorganisation, der Ablauforganisation, der Informationsorganisation und der Arbeitsorganisation. Letztere Gestaltungen bedürfen wieder des Einsatzes entsprechend qualifizierten Personales und von Sachmitteln[159].

Die Organisation der Organisation ist selbst ein Produktionsmittel, Instrument für effiziente und kostengünstige Verwaltungsarbeit[160].

Organisationsarbeit ist Informationsverarbeitung und ist im Zusammenwirken Kommunikationsarbeit[161]. Für die Gestaltung von Organisationen

---

158 Als Beispiel Verwaltungsgemeinschaft Bismarck, Stellungnahme vom 17.12.2002

159 Insbesondere zum Personalwesen und seiner Gestaltung vgl. Jörg Bogumil, Die politische Führung öffentlicher Dienste – Möglichkeiten und Grenzen der Reorganisation, in: Rainer Koch/Peter Konrad (Hsg.): New Public Service. Öffentlicher Dienst als Motor der Staats- und Verwaltungsmodernisierung, Wiesbaden 2003, S. 61-78; Rainer Koch, Öffentliche Dienste in der Staats- und Verwaltungsmodernisierung. Zur Optimierung inkrementaler Strategien der Modernisierung öffentlicher Dienste in: Rainer Koch/Peter Konrad (Hsg), a.a.O., S. 7-35

160 Hier kommt dem Verwaltungsorganisationsrecht als Steuerungsressource besondere Bedeutung zu, vgl. Eberhard Schmidt-Aßmann, Verwaltungsorganisationsrecht als Steuerungsressource, in: Eberhard Schmidt-Aßmann/Wolfgang Hoffmann-Riem (Hsg.): Verwaltungsorganisationsrecht als Steuerungsressource, Baden-Baden, 1997, S. 9-63

161 Hierzu Niklas Luhmann, Organisation und Entscheidung, Opladen 2000, S. 302ff.

sind entscheidend Bestimmung des Informationsbedarfes, Verfügbarkeit der Informationen und Präsenz des erforderlichen Wissens, d.h. auch der erforderlichen Kompetenz. Es ist nicht nur Vorsorge zu treffen, dass Kommunikationsarbeit geleistet werden kann (Qualifikation), sondern auch, dass die hierfür notwendige Voraussetzung, die Akteure in das Arbeitssystem strategisch einzubinden, geschaffen wird. Die Form (Teamarbeit, Projektarbeit, Linienarbeit u.a.) bestimmt dabei, wie die Potentiale wirken.

Mikropolitisch wichtig ist die Ausgestaltung der einzelnen Arbeitsschritte. Hier kommt es darauf an, dass von ihnen eine motivierende Wirkung ausgeht Dies erfordert klar definierte Aufgaben-/Produktbereiche, eigene Gestaltungsmöglichkeiten in der Arbeit und eigene Verantwortungsbereiche in der Gestaltung von Kommunikation, Interaktion und Partizipationsmöglichkeiten der Mitarbeiterinnen und Mitarbeiter bei der Gestaltung des Gesamtprozesses sowie gerechte Anerkennung der Leistung, insgesamt Vertrauen und Gerechtigkeit.

Organisationsgestaltung ist immer ein Optimierungsprozess: Gegebene Ressourcen sind so einzusetzen, dass Leistungen zweckmäßig erbracht werden. Eine Leistung, ein Produkt ist optimal, wenn der gesetzliche Auftrag vollständig in einer für den Adressaten verständlichen bzw. konsumierbaren Weise bei möglichst geringen Kosten erledigt wird. Gleiches gilt auch für die Wahrnehmung politisch-gesellschaftlicher Probleme. Abhängig ist dies vom einsetzbaren Personal und seiner Qualifikation. Über das einsetzbare Personal wird die Menge der je Arbeitsstätte zu bearbeitenden Aufgaben bzw. Aufgabenteile bestimmt. Über die Anzahl des verfügbaren Personals und seine Qualifizierung wird auch das notwendige Ausmaß an Arbeitsteilung vorgegeben, d.h. welche einfachen und welche komplizierten oder komplexen Arbeitsschritte sind im Produktionsprozess vorzusehen und welche Arbeitsschritte können gebündelt werden. Über die Qualifikation des verfügbaren Personals wird die Fähigkeit zur Problemwahrnehmung und -lösung bestimmt, wird festgelegt, welche Kenntnisse und welches Verständnis vorhanden sind, welche Zusammenhänge wahrgenommen werden können, welche Informationsmöglichkeiten genutzt und wie Informationen verstanden und interpretiert werden, welche Kommunikation innerhalb einer Organisation und mit der Umwelt praktiziert werden kann, d.h. letztlich welcher Problemhorizont und welche Umweltbedeutungen in eine Problembearbeitung eingehen. Schließlich hängt es von der Anzahl der Stellen in einer Verwaltungseinheit und von der Qualifikation der Beschäftigten – aber auch dem Risikogehalt einer Aufgabe – ab, welcher Steuerungsaufwand erforderlich ist, welche Kontrollen in der Produktion notwendig sind, welche Teambildungen möglich sind.

Wichtige Faktoren sind dabei auch Sachangemessenheit, z.B. Beachtung der Komplexität und Menge der Aufgaben (Produkte), des Schwierigkeitsgrades und des sich ergebenden Risikos wie auch die Struktur des Umfeldes. Gestaltungsmöglichkeiten werden begrenzt durch die verfügbaren Finanzmittel oder durch Haftungsregeln wie auch durch Anforderungen an die

Steuerungsfähigkeit einer Verwaltung. Gestaltungswirksam sind auch die räumliche und die technische Infrastruktur.

Letztlich entscheidend ist, dass eine Verwaltung so organisiert und ausgestaltet ist, dass sie die erforderlichen gesellschaftlichen Gestaltungen bewirken kann. In dem Maße, wie gesellschaftliche Stabilität und gesellschaftlicher Wandel nicht quasi staatlich verordnet werden können, gibt es neben den herkömmlichen Aufgaben der Ordnungs-, Leistungs- und Planungsverwaltung eine Vielzahl bereits genannter neuer Aufgaben der kulturellen Entfaltung, der sozialen Sicherung, der wirtschaftlichen Entwicklung, der Ressourcenschonung, der internationalen Präsenz und der gesellschaftlichen Innovation in der Ausbildung einer solidarischen Zivilgesellschaft. Diese Aufgaben bedürfen weitgehend indirekter Steuerungsformen – auch wenn das staatliche Durchsetzungsmonopol damit nicht aufgehoben wird.

Jede Organisationsgestaltung hat das für sie spezifische Umfeld zu beachten. Zunächst das politische Umfeld. Dies wirkt im Kommunalbereich unmittelbarer – aufgrund der Konstruktion der kommunalen Selbstverwaltung – als auf Landes- und Bundesebene. Bei Sonderverwaltungen ist es unterschiedlich. Vom politischen Umfeld können besondere Gestaltungsaufträge ausgehen, welche aber in der Regel sehr allgemein bleiben. Solche Gestaltungswünsche können die Reaktionsfähigkeit der Verwaltung ebenso betreffen wie die Lokifizierung aus stadtplanerischen oder sozialen Gründen (Rathausbau, Bürgerämter, Sozialstationen). Häufig betreffen – vor allem im Kommunalbereich – Gestaltungswünsche mehr oder weniger die alltägliche Zusammenarbeit, z.B. zwischen Rat und Verwaltung, Vorlagen, Berichte, Informationen. Hier liegen die Schwierigkeiten meist nicht in Kooperationsdefiziten, sondern schlicht in einer unterschiedlichen Problemwahrnehmung und Informationsverarbeitung. Da hier unterschiedliche, je spezifische Kontexte gegeben sind, kann sie nie „reibungslos“ funktionieren.

Die erörterten Schwierigkeiten und Dilemmata verbinden sich vor allem mit der Modernisierung der überkommenen Verwaltungen. Sie vervielfältigen sich, wenn die neuen, zukunftsbezogenen Aufgaben und die dafür erforderlichen organisatorischen Gestaltungen und Gestaltungsmittel einbezogen werden. Erforderlich ist dann eine stärkere Beachtung jener Elemente der Verwaltungsmodernisierung, welche bislang eher vernachlässigt werden wie

- flexible Organisationsstrukturen
- qualitativ anspruchsvolle Personalentwicklung, und zwar sowohl in der Bedarfsplanung wie in der Qualifikation.

Schwierigkeiten praktischer Organisationsgestaltung liegen darin begründet, dass zwischen einzelnen Kriterien Wechselverhältnisse bestehen, Widersprüche entstehen können. So kann eine zentrale Organisation kostengünstiger aber klientenunfreundlicher als eine dezentrale sein, eine sehr arbeitsteilige Produktion kostengünstiger als eine Konzentration von Qualifikation und Kompetenz mit der Folge, dass von solchen Stellen auch Aufgaben wahrzunehmen sind, welche bei einer andersartigen Organisation „billiger" zu haben wären.

Bestimmte Organisationsmaßnahmen haben meist auch Folgewirkungen, welche nicht erwünscht oder nicht erforderlich sind.

Die Widersprüche lassen sich nur bedingt durch eine Prioritätenskala auflösen. Erste Priorität kommt der Erfüllung der rechtlichen Vorgaben zu. Sie müssen vollständig und klientenangepasst realisiert werden. Beispielsweise kann eine Mitwirkung der Klienten nur und in dem Maße einverlangt werden, wie diese Mitwirkung von ihnen selbst erbracht werden kann und sich damit keine unverhältnismäßige Beeinträchtigung ihrer anderen Aufgaben verbindet – wobei die Verhältnismäßigkeit auch davon abhängt, welcher Aufwand für die Verwaltungen entsteht, wenn sie auf die Mitwirkung ganz oder teilweise verzichten.

Bei „gleichwertigen" Organisationsmodellen kommt besondere Bedeutung der Möglichkeit zu individueller Arbeitsgestaltung zu, d.h. wie kann ein Höchstmaß an Engagement und Qualität mobilisiert werden. Dabei ist zu prüfen, wie hoch ein Produktivitätsgewinn im Verhältnis zu anfallenden Mehrkosten ist. Ansonsten hat der Kostenaspekt bzw. hat das Kriterium der Sparsamkeit hinter den Kriterien der vollständigen, klientenangepaßten Aufgabenerledigung zu stehen. Bei mehreren möglichen Organisations- und Produktionsgestaltungen ist die kostengünstigste Variante zu wählen, bei welcher die vorrangigen Kriterien noch erfüllt werden.

Wichtig ist es, in der Organisationsgestaltung Spielräume einzubauen, damit sich gegenseitige Anpassungsprozesse und eine Binnenoptimierung vollziehen können und die Organisation als Institution Stabilität gewinnt. Eine solche Binnenoptimierung bedeutet nicht immer schneller, besser und billiger. Im Prozess der Binnenoptimierung können sich durchaus verlängerte Arbeitszeiten, geringere Fallzahlen oder auch erhöhter Informationsbedarf ergeben, welche hinsichtlich einzelner Ziele kontraproduktiv wirken, insgesamt aber die Handlungsfähigkeit einer Organisation und die Auskömmlichkeit der Organisationsarbeit für die Beschäftigten sichern.

5.2.2 Bürgerbüros und Call-Center

Neue Formen der Aufgabenerledigung bieten sich durch IuK-technisch bzw. telematisch getragene Organisationsmodelle an.

Beispielsweise kann durch Bürgerbüros oder Einwohnerämter[162], „Lebenslage-Büros" oder kommunale Call-Center eine integrierte Aufgabenerledigung mit mehr Bürgerservice geleistet werden. Die Problemfelder, die in der Interaktion zwischen Bürger und kommunaler Verwaltung bestehen, liegen meist darin, dass der Bürger den zuständigen oder gewünschten Sachbe-

---

147 Petra Abele/Hans Brinckmann/Klaus Grimmer (Hsg.): Einwohnerservice in den Stadtbezirken, Baden-Baden 1995, insbes. S. 69ff.

arbeiter schwer oder gar nicht erreicht, dass Mehrfachbelastungen von Sachbearbeitern durch Telefon-, Schalter- und Sachbearbeitertätigkeiten entstehen, dass der Bürger nicht weiß, an wen er sich wenden soll, dass die Öffnungszeiten der Verwaltung kurz sind, dass die Beschwerden des Bürgers nicht zügig bearbeitet werden u.v.m.

Das Konzept der „Lebenslagen-Büros" geht davon aus, dass oft steinige Wege zu beschreiten sind, wenn bestimmte Lebenslagen eintreten und zu bewältigen sind. Beispielsweise ist es bei einem Umzug erforderlich, mehrere Ämter oder Fachbereiche aufzusuchen, um An- und Ummeldungen vorzunehmen. Zudem wird das Aufsuchen von diversen anderen Dienstleistungsanbietern erforderlich wie z.B. Kindergartenbetriebe, Banken, Versicherungen etc. In einem sog. Lebenslagenbüro kann der Bürger aus einer Hand an einem Ort und zur selben Zeit alle für beispielsweise seinen Umzug erforderlichen Amtsgänge erledigen. Mit der Lebenslagen- und Zielgruppenorientierung kann die Ausrichtung an die Nachfrage und den Bedarf der Bürger angemessen gewährleistet werden. So kann der Bürger alle Dienstleistungen, die er bei Umzug, Heirat, Hausbau oder Geschäftsgründung benötigt, in bestmöglicher Qualität und an einem Ort schnell erhalten. Besondere Bedeutung kommt auch hier der iuk-technischen Ausstattung und Vernetzung zu.

In der Privatwirtschaft gibt es viele erfolgreiche Call-Center-Lösungen. Die Kommunen sind auf Grund ihrer Produktkomplexität langsamer in der Entwicklung und Umsetzung. Bei Call-Center-Planungen müssen die Kommunen vorweg klären, welche Aufgaben innerhalb einer kommunalen Verwaltung geeignet sind, durch Call-Center unterstützt zu werden und wie die Geschäftsprozesse zu organisieren sind, damit sie in effektiver Weise abgewickelt werden können.

Abhängig von Aufgaben und Anforderungen sind drei organisatorische Grundmodelle denkbar:

- Zentrales Call-Center,
  das zentrale Call-Center erweitert die Funktion der früheren Telefonzentrale und genügt in der Regel einfachen Qualitätsansprüchen für die Informationsvermittlung zwischen Verwaltung und Bürger.
- Fachbereichs-Call-Center,
  das Fachbereichs-Call-Center ist eine Anlaufstelle für abgrenzbare Bereiche innerhalb der kommunalen Verwaltung mit qualitativ anspruchsvoller Know-how-Vermittlung.
- Bürgerbüro-Call-Center
  das Bürgerbüro-Call-Center verknüpft die Idee des Bürgerbüros mit dem Gedanken des Call-Centers zur integrierten Service-Anlaufstelle.

Der mit den traditionellen Strukturen wie räumlicher Zuständigkeit und räumlicher Geltungsbereich, Verwaltungsbezirk, Einräumigkeit der Verwaltung, Verwaltungssitz, Besuchstagen und Sprechzeiten zum Ausdruck kommende Raum- und Zeitbezug von Einheiten und Handlungsformen der Verwaltung wird, wenn nicht abgelöst, so doch ergänzt um Strukturen, bei denen Raum wie Zeit in ihrer Bedeutung zurücktreten.

5.2.3 Ausgliederung und Privatisierung

Kommunalverwaltungen kennzeichnet heute Dezentralisierung und eine Vielzahl von Ausgliederungen.

Die Motive für Ausgliederungen und Privatisierungen sind vielfältig. In Deutschland wird die Ausgliederung von Verwaltungsaufgaben in graduell verschieden selbständige Organisationseinheiten häufig von finanziellen Überlegungen bestimmt, seien es nun Entlastungen der Haushalte oder steuerliche Überlegungen. Daneben bestehen Hoffnungen auf Effektivitäts- und Effizienzgewinne, die auf unterschiedlichen Überlegungen beruhen: In deren Mittelpunkt steht eine Erzielung handhabbarer Organisationsgrößen. Dadurch werden Abläufe vereinfacht, wodurch eine vergrößerte Flexibilität entsteht und eine gegenüber den öffentlichen Verwaltungen ungleich problemlosere Einführung privatwirtschaftlicher Prinzipien möglich wird. In den letzten Jahren ist ein zusätzlicher Aspekt immer mehr in den Vordergrund getreten: Die Ausgliederung von Verwaltungseinheiten soll dazu dienen, Kooperationen mit anderen Organisationen, sowohl aus dem öffentlichen als auch aus dem privaten Sektor, zu ermöglichen[163]. Diese Herstellung eines „public private mix“ wird gegenwärtig in der organisatorischen Form der „Public-Private-Partnership“ immer populärer[164]. Nicht zu vergessen sind auch die ordnungs- und machtpolitischen Motive für Ausgliederungen, wenn sie auch nicht immer so deutlich im Vordergrund stehen wie in Großbritannien durch die Konservative Partei unter Margaret Thatcher zu Beginn der 80er Jahre: Dort sollten durch das Entstehen von Organisationen, die nicht unmittelbar zur Staatsverwaltung gehörten, die Kommunalverwaltungen einen Teil ihrer Aufgaben und damit ihrer Macht verlieren, da sie traditionell von der Labour Party dominiert wurden.

Ansatzpunkt für die sehr häufig inkrementalistischen Ausgliederungsentscheidungen in Deutschland ist die Organisationsstruktur. Ausgelagert werden Verwaltungsbereiche, die traditionell begrenzte Verbindungen zu den Produktionsabläufen der Kernverwaltung aufweisen. Dementsprechend kann

---

163 Karl-Peter Sommermann, Verwaltung im Rechtsstaat, in: Klaus König (Hsg.): Deutsche Verwaltung an der Wende zum 21. Jahrhundert, Baden-Baden 2002, S. 115 f

164 Als Beispiel Wolfgang Gerstlberger, Public Private Partnerships und Stadtentwicklung, München/Mehring 1999; erg. Jan Ziekow, Public Private Partnerships und Verwaltungsverfahrensrecht, in: Karl-Peter Sommermann/Jan Ziekow (Hsg.): Perspektiven der Verwaltungsforschung, Berlin 2002, S, 269-316. Es gibt aber in der Praxis nur in wenigen Ausnahmefällen Verantwortungsgemeinschaften zwischen „öffentlich“ und „privat“ im Sinne von 50:50.

in diesen Organisationseinheiten über bereits bestehende autonome Organisationsstrukturen und ein abgegrenztes Aufgabengebiet verfügt werden[165].

Voraussetzung für die Erledigung (bisher) öffentlicher Aufgaben in ausdifferenzierten oft privaten Organisationsformen ist eine veränderte Sichtweise staatlicher Tätigkeiten. Im Vordergrund steht nicht mehr das Handeln des Staates oder der Kommunen, die Leistungserstellung durch staatliche oder kommunale Organe, sondern der Leistungserfolg zu angemessenen Preisen, das heißt, dass Ordnung herrscht, dass der Bürger die gewünschte Leistung erhält. Aus dieser Sichtweise wird die Organisation des Leistungserstellungsprozesses disponibel, so weit und so lange der Staat bzw. die Kommune direkt oder indirekt politisch gebotene Leistungen auf der Outputseite garantieren können – wenn diese politisch gewollt sind und deshalb nicht dem Markt überlassen bleiben. Es wird in „Produkten" gedacht, das Produktivitätsdenken verändert sich. Der öffentliche Sektor und die Staatsaufgaben werden neu bewertet[166].

Die Neubewertung der Staatsaufgaben ist so Ausdruck einer veränderten Staatskonzeption. Der Staat ist nicht a priori und realisiert sich in seiner Macht (Staatsgewalt) und in seinen Leistungen, sondern der Staat legitimiert sich durch seine Leistungen. Der Leistungsbedarf und -umfang wird in demokratischen Verfahren bestimmt. Die Staatsgewalt ist ein Instrument neben anderen zur Realisierung des Leistungsauftrages in verschiedenen Organisationsformen.

Das bereits angesprochene Leitbild des aktivierenden Staates und der Bürgerkommune – oben unter 3.2 – oder der Corporate Citizenship[167] hat dabei bislang nur wenig konkrete organisatorische Ausgestaltungen erfahren. Dies ist auch nicht verwunderlich, geht es doch nicht um die Ersetzung eines Organisationsmodelles durch ein anderes, sondern um eine Verdichtung der Interaktion zwischen Verwaltung und Bürger oder bürgerschaftlichen Assoziationen, um Anregung und Förderung bürgerverantworteten Handelns. Dies bedarf weniger besonderer organisatorischer Ausgestaltung, sondern bedarf mehr qualifikatorischer Fähigkeiten öffentlicher Verwaltungen zu aktivieren, zu fördern und zu kooperieren[168].

Es handelt sich also weniger um ein Organisationsproblem, sondern mehr um eines des Selbstverständnisses und des Problemverständnisses und der Problembearbeitung und Problemlösungen.

---

165 Wolfgang Gerstlberger/Thomas Kneissler, Die Eigendynamik ausgegliederter Verwaltungseinheiten: Theoretische Überlegungen und empirische Befunde, in: Die Verwaltung, 1998, S. 183-280

166 Thomas Kneissler, Tastende Schritte zu einer neuen Verwaltung, Arbeitspapiere der Forschungsgruppe Verwaltungsautomation, 67, Kassel 2000

167 Hierzu Stefan Nährlich, Die schönen neuen Bräute der Bürgergesellschaft, in: Aktive Bürgerschaft e.V. aktuell 2/2003, S. 1. Offen bleibt bislang, ob es sich hier um eine Vergesellschaftung oder eine Merkantilisierung der Kommunen handelt.

168 Zu Modellen bürgerschafltichen Engagements vgl. Wulf Damkowski/Anke Rösener, Auf dem Weg zum Aktivierenden Staat, Berlin 2003, S. 88ff.

5.2.4 Molekularverwaltung und Netzstrukturen

Eine konsequente Fortschreibung der aktuellen Entwicklung der Verwaltungsmodernisierung stellt das Modell der „Molekularverwaltung“ dar[169]. Danach werden öffentliche Aufgaben von einer Vielzahl unterschiedlicher Organisationen erfüllt, die sowohl dem privaten, dem öffentlichen oder auch dem dritten Sektor angehören können. Entsprechend der Philosophie des Neuen Steuerungsmodells bestehen die Aufgaben der Kernverwaltung in einer Initiierungs-, Moderations- und Steuerungsfunktion. Die konkreten Leistungserstellungen erfolgen durch die lokalen Dienstleister, die Auftragsvergabe erfolgt durch Kontrakte (Leistungs- und Servicevereinbarungen).

Entsprechend diesem Modell wird beispielsweise von der Politik beschlossen, welche Ziele in einem beliebigen Bereich erreicht werden sollen. Die Kernverwaltung führt dann Gespräche mit verschiedenen Dienstleistern, um zu klären, wie die Vorgaben erreicht werden können. Besteht Klarheit darüber, werden Verträge über den Beitrag der einzelnen Organisationen abgeschlossen.

Beispielsweise wird in einer Kommune ein neues Konzept für die Stadtentwicklung notwendig. Zuerst wird von der Kernverwaltung – im Auftrag der Politik – die Stadtentwicklungsgesellschaft (eine GmbH) beauftragt, ein neues Konzept für die Stadtentwicklung zu erarbeiten. Dieses wird nach Fertigstellung der Politik vorgelegt. Nach deren Zustimmung obliegt die Umsetzung des Konzepts dann wiederum der Kernverwaltung. Sie muss mit verschiedenen Dienstleistern – nach Ausschreibungen – Zielvereinbarungen und Verträge abschließen, um die Umsetzung des Konzeptes zu erreichen. So wird beispielsweise eine Werbeagentur beauftragt, eine PR-Kampagne für die Stadt zu starten. Gleichzeitig müssen im Fachbereich neue Bebauungspläne für ein Gewerbegebiet und ein Wohngebiet geschaffen werden. Der als Eigenbetrieb geführte Bauhof hat die Aufgabe, das Erscheinungsbild der Stadt zu verbessern. Mit den privaten Kulturträgern müssen Kontrakte abgeschlossen werden, die eine bessere „kulturelle Versorgung“ der Kommune sicherstellen. Dieses Beispiel ließe sich noch um diverse Kooperationen erweitern. Deutlich wird aber auch schon in diesem Fall, dass die „molekulare Verwaltung“ durch die jeweilige Eigenständigkeit der beteiligten Organisationen einen sehr großen Koordinationsbedarf mit sich bringen kann, der aber immer noch geringer als jener in einer zentralen Verwaltung sein kann, da nicht alles koordiniert werden muss, sondern der Koordinationsbedarf sich nur an den Schnittstellen zwischen den einzelnen Verwaltungen und in der Wahrnehmung übergreifender Aufgaben ergibt.

Eine Begründung findet dieses Modell in der für das New Public Management charakteristischen Überzeugung, dass Dienstleistungen am flexibels-

169 Hierzu Christoph Reichard, Institutionelle Wahlmöglichkeiten bei der öffentlichen Aufgabenwahrnehmung, in: Dietrich Budäus, (Hsg.): Organisationswandel öffentlicher Aufgabenwahrnehmung, Baden-Baden 1998, S. 121-153 (S. 137)

ten und effizientesten durch kleine Organisationen erstellt werden. Deren Vorteile werden in einem präzisen und zielorientierten Handeln aufgrund klar abgegrenzter Aufgabenbereiche gesehen. Zusätzlich ist dieses Modell auf der im aktuellen Mainstream vorherrschenden, aber nicht unbedingt zutreffenden Annahme aufgebaut, dass private Organisationen in ihrer Leistungsfähigkeit öffentlichen Institutionen überlegen sein können.

Dementsprechend erfolgt die Leistungserstellung zu einem Teil durch private Unternehmen. Aber auch öffentliche Organisationen, die privatwirtschaftliche Managementinstrumente und -praktiken einsetzen, werden verwendet.

Die Leistungserstellung in kleinen Organisationen weist bereits auf ein Problem hin: Die geringe Größe der Organisationen und ihre Ausrichtung auf spezifische Ziele bringt es mit sich, dass solche Organisationen auch nur eine begrenzte Anzahl von Aufgaben bearbeiten können, oder auch nur einen Teilbereich einer Aufgabe. Um komplexere Aufgaben – wie sie ja für moderne Verwaltungen immer charakteristischer werden – erfüllen zu können, müssen sie mit anderen Organisationen zusammenarbeiten. Dadurch entstehen „lokale Dienstleistungsnetzwerke". Die unterschiedlichen Organisationen, die in diesen Netzwerken kooperieren, machen es erforderlich, dass ein enger Zusammenhang zwischen ihnen entsteht. Ist dies nicht der Fall, kann die Differenzierung in Desintegration umschlagen. Das heißt nichts anderes, als dass bei der Kooperation der Organisationen Probleme entstehen können, durch die zumindest die Qualität der gemeinsamen Leistung leidet. Dass Schwierigkeiten bei der Kooperation innerhalb der Netzwerke auftreten können, liegt auf Grund der Heterogenität der beteiligten Organisationen nahe. Nach gegenwärtigen Vorstellungen würden zu den Kooperationspartnern große und mittelständische Unternehmen, politische Entscheidungsträger unterschiedlicher Ebenen, Organisationen des Dritten Sektors, Bürgerinitiativen u.a.m. gehören. Da die Organisationen in diesen verschiedenen Sektoren anderen Rationalitäten folgen, scheint zumindest ein dauerhafter Zusammenhalt solcher Netzwerke problematisch zu sein[170]. Hierbei stellt sich nun auch eine generelle Frage: Wird durch eine solche Konstellation nicht einer der Vorteile der kleinen Organisationen, ihre geringen Koordinationskosten, aufgehoben? In letzter Konsequenz würde durch solche Maßnahmen die gegenwärtige Entwicklung der Verwaltungsmodernisierung mit ihrer Tendenz zur Ausgliederung und Dezentraliserung dysfunktionale Folgen mit sich bringen.

Grundsätzlich birgt ein Agieren in einem Netzwerk für öffentliche Verwaltungen ein hohes positives Potential, unabhängig davon, ob es sich um Politik- oder Unternehmensnetzwerke handelt. Diese potentiellen Vorteile einer Netzwerkzugehörigkeit sind eine gute Informationslage, eine hohe Planungssicherheit, Legitimitätsgewinne und die Lösung von Problemen im

170 Vgl. Dorothea Jansen, Netzwerkansätze in der Organisationsforschung in: Jutta Allmendinger/Thomas Hinz (Hsg.): Organisationssoziologie, KZfSS, SH 42/2002, S. 88ff.

Vorfeld von Entscheidungen. Konflikte resultieren regelmäßig aus der Heterogenität der beteiligten Organisationen. Mit den Teilnehmern aus der gewerblichen Wirtschaft, dem privaten und dem dritten Sektor treten bei Politiknetzwerken Probleme bei der Formulierung der Ziele der Netzwerke auf. Soweit eine gemeinsame Zielformulierung zustande kommt, treten häufig auch Probleme im Verlauf der Kooperation auf, die letztendlich darauf beruhen, dass die Organisationen aus den unterschiedlichen Sektoren unterschiedlichen Rationalitäten und Handlungsmaßstäben folgen. So können Gemeinwohlorientierung der Verwaltungen und Gewinnorientierung der privaten Unternehmen durchaus hart aufeinander treffen.

Um eine Kommunalverwaltung im Zuge von Dezentralisierung und Verselbständigung weiterhin in ihrer Gesamtheit steuern und darüber hinaus längerfristige Perspektiven für die Entwicklung einer Kommune gewinnen zu können, bedarf es einer gut organisierten qualitativ hervorragend besetzten Kernverwaltung. Gleichzeitig steigt die Bedeutung von Instrumenten und Verfahren des strategischen Managements und der informationstechnischen Unterstützung.

Die „Molekularverwaltung" als vernetzte Verwaltung kann die Form eines „Konzern Stadt" gewinnen[171], wenn es gelingt, die einzelnen „Moleküle" aufeinander zu beziehen, die zentrale Steuerung, das zentrale und dezentrale Controlling und eine Beteiligungsverwaltung so einzurichten und abzusichern, dass sie ihren Aufgaben gerecht werden. Es ist dann nur von eingeschränkter Bedeutung, welche Rechtsform die einzelnen Einheiten haben.

Hinter dieser Entwicklung zeigen sich im einzelnen tiefgreifende Systemveränderungen. Wenn es früher – unter erheblichen Vorbehalten – möglich war, von einem Verwaltungssystem zu sprechen, so kann heute bestenfalls von einem System öffentlicher Verwaltungen bzw. Verwaltungsorganisationen gesprochen werden.

Nicht mehr das Verwaltungssystem als Wirklichkeit zentralisierter Staatsmacht, sondern als arbeitender Staat bestimmt die politische Wirklichkeit in einem „System" vielfältiger (Verwaltungs-)Einheiten. Ihre systemische Verbindung ergibt sich aus ihrer verfassungsrechtlichen Legitimation und ihren Leistungen in und für das politische System.

Damit stellt sich auch die Frage, ob es noch zutreffend ist, von „dem Staat" als (juristischer) „Person" zu sprechen oder ob stärker die angelsächsische Sichtweise (und länger demokratisch legitimierte) an Bedeutung gewinnt, dass Regierung, Regierungsorganisation und Regierungssystem, Verwaltung, Verwaltungsorganisation und Verwaltungssystem, Justiz usw. in ihren mehr oder weniger engen Verkoppelungen und Einbindungen in die Gesellschaft, das politische System „Staat" sind.

---

171 Karsten Schneider u.a., Interessenvertretung im „Konzern Stadt", hsg von Klaus Grimmer, Arbeitspapiere der Forschungsgruppe Verwaltungsautomation 68, Kassel 2001, S. 18ff. , S. 62ff.

5.2.5 E-Government

Die Entwicklungen zu elektronic government können hier eine Unterstützung anbieten[172].

Ergänzend zur Nutzung des Computers als „Automat“ (informatisierter Arbeitsfelder mit hohem Aufkommen an standardisierten Daten) und als (flexibel an die Anforderungen unterschiedlicher Arbeitsfelder anpassbares) Werkzeug tritt die Funktion als Medium für Kommunikation und Transaktionen hinzu. Durch Workflow- und Groupware-Systeme werden sowohl überwiegend routinehafte Vorgänge wie auch Arbeiten mit geringem Formalisierungs- und Strukturierungsgrad unterstützt und teilautomatisiert. Dadurch können Transport-, Liege- und Bearbeitungszeiten reduziert werden. Verbindungen zwischen Rechnersystemen der öffentlichen Verwaltung und dem Internet erhöhen die Transparenz der Verwaltung und verbessern die Partizipationschancen der Bürger, indem, soweit Datenschutz und -sicherheit dies zulassen, Zugriffe auf Verwaltungsinformationen erleichtert werden. Die Nutzung der Internet-Technik zum Aufbau verwaltungsinterner Netze (Intranet) optimiert die behördliche Wissenslogistik, indem Datenbestände über bestehende Organisationsgrenzen hinweg verfügbar gemacht werden. Zudem trägt die Internet-Technik dazu bei, heterogene technische Systemwelten zu vereinfachen und bislang voneinander abgeschottete Datenbasen – soweit datenschutzrechtlich zulässig und sachlich sinnvoll – zu integrieren.

Noch nicht bis ins Detail ausgearbeitet, aber doch als Zukunftsvision erkennbar, kristallisiert sich das Leitbild einer „virtuellen Verwaltung“ heraus. Durch Computernetze wird die temporäre Bündelung von Kernkompetenzen ermöglicht, um unabhängig von räumlichen und organisatorischen Grenzen kunden- und problemgerechte Lösungen und Leistungen anbieten zu können.[173]

Obwohl sich die Informatisierung der öffentlichen Verwaltung rückblickend als Prozess mit vielen Kontinuitäten darstellt, gab es immer wieder auch Entwicklungsbrüche und Neuorientierungen, häufig hervorgerufen durch Marktturbulenzen im Segment der IuK-Technik. Allerdings schlägt der technische Fortschritt nicht immer sofort und unmittelbar auf die Technikkonzepte der öffentlichen Verwaltung durch, vielfach geschieht dies eher indirekt, vermittelt über das Engagement einzelner Promotoren innerhalb der Verwaltung oder über veränderte Erwartungen der Öffentlichkeit. Das gilt auch in der Zeit beginnender Virtualität: Wenn immer mehr Menschen einen

---

172 Klaus Lenk/Roland Traunmüller, Electronic Government – Ein Wegweiser, in: Computer kommunikativ 4/2001, S. 15-18; Christine Leitner (ed.), e-Government in Europe: The State of Affairs, European Institut of Public Administration Maastrich, 2003; Heinrich Reinermann, Verwaltungsmodernisierung mit New Public Management und Electronic Government, in: Hermann Knödler/Michael H. Stierle (Hsg.): Globale und innovative Ökonomie, Heidelberg 2003, S. 381-406; Wulf Damkowski/Anke Rösener, a.a.O..

173 Hans Brinckmann/Martin Wind, Teleadministration, Berlin 2000, S. 19ff.

Zugang zum „Netz der Netze“ besitzen, auf elektronischem Wege Überweisungen und Aktiengeschäfte tätigen, Bestellungen aufgeben und Reisen buchen, wird sich auch die Dienstleistungsdistribution der öffentlichen Verwaltungen den veränderten Erwartungen und Routinen der Bürger anpassen müssen[174].

Heute wird nicht mehr von Informatisierung öffentliche Verwaltungen, sondern von einer Transformation des politisch-administativen Systems insgesamt zu e-government gesprochen[175].

Unter „e-government“ wird allgemein die Abwicklung geschäftlicher Prozesse im Zusammenhang mit Regieren und Verwalten (Government) mit Hilfe von Informations- und Kommunikationstechniken über elektronische Medien verstanden[176]. „Es geht um die Integration des Regierungs- und Verwaltungshandelns. E-Government nutzt hier die uns heute verfügbaren Informationstechnologien für den Entwurf und Betrieb neuer Geschäftsmodelle. E-Government nutzt eine neue informationstechnische Erreichbarkeit von Personen, Daten und Programmen über das Internet, erstmals unabhängig von Raum, Zeit und Hierarchie. ...“[177].

Nach W. Landsberg ist e-government der Umstieg der Verwaltung von der Verwaltungsorganisation mit IT-Unterstützung zur Rationalisierung hin zum Medienauftritt der Verwaltung im Beziehungsdreieck „Verwaltung-Bürger-Wirtschaft“ und dem Internet als Kommunikationsplattform. Das sei eine andere Verwaltung als bisher .. „der Medienauftritt öffnet jetzt die Geschäftsprozesse, schafft eine Drittbeteiligung von außen und führt zwangsläufig zu einem tiefgreifendem Paradigmentwechsel....“[178].

Im Grunde ist e-Government aber nichts anderes als eine anspruchsvolle Bezeichnung für die iuk-technische Unterstützung der Verwaltungsorganisation und -arbeit und der Verwaltungskommunikation. Da aber der Anspruch umfassend ist und letztlich auch e-Governance meint[179], sind die potentiellen Auswirkungen für Bürger, Wirtschaft und öffentlichen Sektor vielfältig[180] – ohne sie aber heute bereits alle konkret benennen zu können. Die Entwicklungen technikgestalteter Sozialbereiche – wozu auch die öffentlichen Verwaltungen gehören – sind meist anders als erwartet oder prognostiziert, da die Vielfalt der Einzelfaktoren zu wenig diagnostiziert wird. Trotzdem, e-

174 Hans Brinckmann/Martin Wind, a.a.O., S. 19ff.

175 Heinrich Reinermann, Barrieren für Electronic Government, Manuskript, Speyer 2002; Jörn von Lucke, Regieren und Verwalten im Informationszeitalter, Berlin 2003

176 Heinrich Reinermann/Jörn von Lucke (Hsg.): Electronic Government in Deutschland, Speyer 2002 (Speyerer Forschungsberichte 226)

177 Heinrich Reinermann, Barrieren für Electronic Goverment, Manuskript, Speyer 2002; zu möglichen Gestaltungsfeldern öffentlicher Verwaltungen Jörn von Lucke, a.a.O., S. 86ff.

178 Willy Landsberg, Electronic Government aus der Sicht der Verwaltung – Gründe, Ziele und Rahmenbedingungen, in: H. Reinermann/J.v. Lucke (Hsg.), a.a.O., S. 20-45; zur informationellen Vernetzung vgl. auch Karl-Peter Sommermann, a.a.O., S. 117f.

179 Hierzu Jörn von Lucke, a.a.O., S. 37ff.

180 Hierzu Jörn von Lucke, a.a.O., S. 140ff.

Government bestimmt die Entwicklung in den öffentlichen Verwaltungen, insbesondere den Kommunalverwaltungen[181].

5.3 Steuerung und Selbststeuerung; Innovationsmanagement

Steuerungsfähigkeit öffentlicher Verwaltungen zu thematisieren, hat in zwei unterschiedliche Richtungen zu analysieren.

Zum einen geht es um die Frage, wie und aufgrund welcher Eigenschaften können öffentliche Verwaltungen politisch-gesellschaftlich wirken, etwas bewirken, bestimmte Ziele erreichen, Aufgaben realisieren, Produkte erstellen.

Zum anderen geht es um die Frage, wie können öffentliche Verwaltungen bzw. Verwaltungsorganisationen gesteuert werden, damit sie wirken unter Beachtung von Kriterien wie politische Reaktionsfähigkeit, klientengerecht, mitarbeitergerecht, sparsam u.a..

Zur Steuerungsproblematik im erstgenannten Sinne wurden mögliche Analysebeiträge vorgestellt. Sie betrifft letztlich auch die Frage nach der Steuerungsfähigkeit des politischen Systems und im politischen System. Die Vielseitigkeit der Problematik und Versuche sie begrifflich zu fassen – ohne sie zu lösen – wird deutlich im Begriff der Governance und seinen Ausdeutungen[182].

Die Verwaltungsreform der letzten Jahre steht in Deutschland unter dem Anspruch einer verbesserten Steuerung der Verwaltungsorganisationen und der Verwaltungsproduktion, auch wenn sich die verschiedenen Bausteine des neuen Steuerungsmodells[183] weitgehend nur mittelbar auf die Steuerungsmöglichkeiten auswirken und die politische Steuerung nur wenig in den Blick genommen wird.

Veränderte Funktionen und Aufgaben öffentlicher Verwaltungen bedürfen in höherem Maße der Selbststeuerung der Verwaltungen. Das heißt, nicht mehr Anweisung und Vollzug stehen im Vordergrund, sondern ebenso wichtig ist die Fähigkeit, politisch-gesellschaftliche Problemlagen zu diagnostizieren, Problembearbeitungsmöglichkeiten aufzuzeigen und die dafür erforderlichen organisatorischen Vorkehrungen auszubilden[184] und in verantwortbaren Schritten abzuarbeiten, was wiederum Problembewusstsein, Handlungsfähig-

---

181 Als Beispiel Heinrich Reinermann, Das elektronische Rathaus, in: AfK-DfK, 1. Jhg. 2002/II, S: 61-82

182 Vgl. Tanja Klenk/Frank Nullmeier, Public Governance als Reformstrategie, edit d. Hans Böckler Stiftung Nr. 97, Düsseldorf 2003; Susanne Lütz, Governance in der politischen Ökonomie, zum Stand der Debatte in: PVS 2003, H. 2, S. 231-243

183 Hierzu oben 2.3

184 Erg. Klaus König, Regieren als politisches Management und als öffentliche Governance, in: Karl-Peter Sommermann/Jan Ziekow (Hsg.): a.a.O., S. 201-209

keit und Flexibilität der Mitarbeiterinnen und Mitarbeiter als auch entsprechender organisatorischer Strukturen ebenso wie ein gesichertes (Verfassungs-)Rechtsbewusstsein bedarf, um Gestaltungspflichten und Gestaltungsmöglichkeiten diagnostizieren und nutzen zu können.

Unabhängig davon hat jede Implementation bestimmter Organisations- bzw. Verwaltungstypen und bestimmter Arbeitsmodelle ihre Steuerungsmöglichkeit zu berücksichtigen, und dies sowohl bezogen auf die Politik als auch auf das Verwaltungsmanagement.

Zu unterscheiden ist eine Steuerung

- durch Vorgabe von Schlüsselparametern: Die Erfüllung ist weitgehend Sache der einzelnen Verwaltungsorganisationen und ihrer Mitglieder
- durch Verfahrensregeln: Hier sind die Gestaltungsmöglichkeiten der Verwaltungsorganisation stark eingeschränkt
- durch Strukturierung (Aufbau-, Ablauf-, Informations- und Arbeitsorganisation – Hierarchie und Kontrolle, Steuerung durch Zielvereinbarungen), deren Folgen vor allem den Ressourcenbedarf und das Informations- und Kommunikationsverhalten der Beschäftigten im Produktionsprozess betreffen.

Wichtig sind Steuerungsmaßnahmen wie Anweisungen und (indirekte) Kontrolle (Hierarchie), mehr aber noch Qualifizierung und informelle Steuerung. In der Regel ist die informelle Steuerung effektiver als die formale, aber diese setzt gute Qualifikationen und einen Grundkonsens über Produkte, ihre Qualität und den Produktionsprozess sowie über die Funktion der einzelnen Verwaltungen voraus. Es kommt dabei auch darauf an, dass neben der erforderlichen Kompetenz Gestaltungsspielräume für die Beschäftigten und das Management gegeben sind, um kreativ und innovativ tätig werden zu können.

Alle Steuerungsmaßnahmen erfordern ein Quer- und Umsetzungsmanagement, damit Veränderungen tatsächlich stattfinden und Pilotprojekte auch in die Fläche wirken.

Notwendig ist ein Innovationsmanagement, um geeignete Rahmenbedingungen für den komplexen Prozess der Ideenfindung, Ideenakzeptierung und Ideenrealisierung zu fördern.

Abgesehen von den wenigen Fällen einer mehr oder minder durchprogrammierten oder formalisierten Aufgabenerledigung[185] ist das Verwaltungshandeln immer nur begrenzt steuerbar. Begründet ist dies in seiner institutionellen Verfasstheit[186] und der Vielfalt steuerungsrelevanter Informationen und Einflüsse[187], weshalb bestimmte Steuerungsmaßnahmen gleichzeitig

185 Hierzu Hans Brinckmann u.a., Formulare im Verwaltungsverfahren. Wegbereiter standardisierter Kommunikation, Darmstadt 1986

186 Hierzu oben 2.5.1

187 Vgl. Susanne Lütz, a.a.O., S. 242

kontraproduktive Faktoren erzeugen können[188] und die Möglichkeiten einer Selbststeuerung überbewertet werden.

Beispielhaft werden die Probleme deutlich bei Ansätzen zur Entwicklung der Bürgerkommune. Diese entsteht nicht von selbst, sondern bedarf der Unterstützung durch die Kommunalverwaltung. Dementsprechend müssen die Kommunalverwaltungen entsprechende Leitbilder etablieren und verstärkt die Kooperation mit den Bürgern und bürgerschaftlichen Gruppen suchen, um ein verändertes Selbst- Kommunal- und Staatsverständnis zu erreichen. Wichtig sind dabei sowohl organisatorische Hilfestellungen als auch die Stärkung interaktiver Prozesse, um das Feld bürgerschaflichen Engagements und seine Art und Weise sowie Formen der Kommunikation und Kooperation mit der Kommunalverwaltung zu befördern[189] .

Als Beispiel kann auch das neu thematisierte Stadt-Umlandverhältnis genannt werden[190]. Um zu auskömmlichen Strukturen zu kommen, bedarf es sowohl einer kritischen Analyse der Aufgaben zentraler Kommunen für sich und das Umland, als auch eine Sichtung möglicher organisatorischer Gestaltungen von lockerer Kooperation über definierte Aufgabenzuordnungen bis zu Stadtkreisen oder Regionalkreisen mit eigenem Management. Da es nur selten „the only one best way“ gibt, ist es wichtig, die Lernfähigkeit der Organisation und in der Organisation zu fördern.

5.4 Lernen in der lernenden Organisation[191]

Die Frage nach dem „Wie“ der Aufgabenerfüllung, d.h. nach der zu gestaltenden Rechts- und Organisationsform, hat in der Antwort auch zu berücksichtigen, ob und inwieweit eine Organisation der öffentlichen Verwaltung lernfähig ist, und d.h., ob und inwieweit die Organisationsmitglieder lernfähig sind. Nur bei entsprechender Lernfähigkeit ist eine Verwaltung anpassungsfähig und in der Lage, auf neue politisch-gesellschaftliche Anforderungen zu reagieren, Problemlösungen zu entwickeln und durchzuführen. Es bedarf also sowohl stabiler Strukturen als auch der Flexibilität.

Struktur (Rahmenmodell, Organisationstyp) und Flexibilität (Faktorenbindung, kommunikative Vernetzung, Gestaltungsspielräume) stehen in einem Spannungsverhältnis. Ein Übergewicht in der Strukturierung schafft

---

188 Vgl. Stefan Kühl, Das Regenmacher-Phänomen. Widersprüche und Aberglaube im Konzept der Lernenden Organisation, Frankfurt/M. 2000

189 Jörg Bogumil/Lars Holtkamp, a.a.O.; zur politischen Steuerung im aktivierenden Staat: Wulf Damkowski/Anke Rösener, a.a.O., S. 64ff.

190 Bernd Adamaschek/Marga Pröhl (Hsg.): Regionen erfolgreich steuern, Gütersloh 2003

191 Zum Lernen in der Organisation vgl. Stefan Kühl, a.a.O.; Robert Nothelfer, Lernen in der Organisation: Individueller Wissenserwerb und soziale Wissensverbreitung, in: ZFO 4/1999, S. 207-213

zwar formal stabile Organisationen, aber unter Umständen mit gehemmter Leistungs- und Anpassungsfähigkeit. Zuviel Flexibilität kann vielfältige Reibungsverluste bis hin zu einem Organisationschaos, kann verminderte Leistungsfähigkeit und Steuerungsschwierigkeiten zur Folge haben. Verwaltungsorganisationen müssen veränderungsfähig, aber auch veränderungsresistent sein, nur dann wirken sie strukturierend und stabilisierend in die Gesellschaft und können ebenso auch gesellschaftliche Strukturen verfestigen.

Zu wenig Strukturierung kann Instabilität und zu wenig Ankopplungsmöglichkeiten für organisationsrelevante Faktoren bedeuten. Zu wenig Flexibilität kann sich verbinden mit geringer Leistungsbereitschaft und hohem Anpassungsaufwand, was beides wiederum einen erheblichen operativen Steuerungsaufwand nach sich zieht.

Nun lassen sich die optimale Strukturierung und Flexibilität für eine gute Organisation nicht auf einer Art „Richterskala“ ablesen. Sie sind vielmehr im Prozess der Organisationsgestaltung und -entwicklung zu gewinnen. Letztlich handelt es sich um trial- and error-Prozesse. Und nur diese sind möglich. Sie setzen nicht im Neuland an, sondern können auf Erfahrungswerte (best practice) zurückgreifen – sowohl hinsichtlich funktionsfähiger Organisationen als auch hinsichtlich einer erfolgreichen Vorgehensweise.

Best Practice-Fälle sind nicht einfach übernehmbar, sondern als solche bieten sie ebenso wie Wettbewerbssituationen Anlass zur Analyse erfolgreicher Strukturierungen und Flexibilisierungen und damit verbundenen Wirkungen. Es ist dabei zu bedenken, dass jede Organisation ein „Individuum“ ist, welches durch das Zusammenwirken vieler Individuen und Einflussfaktoren gebildet wird. Das erfordert, dass für unterschiedliche Individuen unterschiedliche Mitwirkungs- und Gestaltungsmöglichkeiten bestehen, dass aber auch bestimmte Zielvorgaben und zumindest ein Minimum an Strukturierung (Verwaltungsmodell, Organisationstyp) vorgegeben werden. Im Ergebnis ist also in der Regel die Strategie eines Top-Down und Bottom-Up zweckmäßig, wenn es um organisatorische Verhaltensänderungen und Lernmöglichkeiten geht, wobei sich für Bottom-Up unterschiedliche Formen anbieten, von formalisierter Mitbestimmung über Projektgruppen bis zu Einzelaktivitäten[192].

Es bedarf entsprechender Maßnahmen, um die Entwicklungsfähigkeit von Organisationen zu gewährleisten. Diese betreffen insbesondere die Personalentwicklung, die Organisations- und Arbeitsgestaltung, die Qualitätssicherung, die Wirtschaftlichkeit sowie die Hardware- und Softwareergonomie[193].

---

192 B. J. Cook, Politics, Political Leadership and Public Management, in: Public Administration-Review 1998, Voll 58, Nr. 3, S. 225-230

193 Hierzu Brigitta Nentzel, Personalentwicklung, Düsseldorf 1997; Felix Schiedner, Organisationsstrukturen und Arbeitsprozesse, Düsseldorf 1998; Ulrike Brecht, Qualität und Wirtschaftlichkeit, Düsseldorf 1997; Peter Ansorge/Uwe Haupt, Software-Ergonomie, Düsseldorf 1997; Matthias Böhm/Ingeborg May-Steinhausen, Arbeitsplatz- und Hardwareergonomie, Düsseldorf 1999 in der Reihe: Klaus Grimmer (Hsg.): Ver-

Die Frage, was ist wie zu tun, wird in der Theorie meistens wenig reflektiert mit Modellen, Lehrbuchvorgaben oder Beraterwissen, in der Praxis häufig mit muddling-through beantwortet – wobei letzteres weniger schädlich als ersteres zu sein braucht. Letzteres kann bewusst machen, dass Organisationsgestaltung und Verwaltungsentwicklung von einer Vielzahl vor allem individueller, aber auch struktureller und ressourcialer Faktoren abhängig ist und Zeit bedarf. Ängste und Hoffnungen, Verantwortungsfähigkeit und Engagement, Sachkenntnis und Kommunikationsfähigkeit, Interesse und Desinteresse bestimmen die Lernfähigkeit und Gestaltungen im Alltag – und dies auf allen Hierarchieebenen – und mit sehr unterschiedlichen Auswirkungen[194]. Es geht dabei um eine Veränderung der etablierten Verwaltungskultur bzw. Organisationskultur[195] und dies erfordert Vertrauen und Gerechtigkeit in der Organisation[196]. Dies zu wissen und zu beachten ist wichtig, wenn Organisationsgestaltungen erfolgreich durchgeführt werden sollen. Das Ergebnis ist eine funktionsfähige, aber nicht die geplante Organisation.

5.5 Was für eine öffentliche Verwaltung brauchen wir? – Was für eine öffentliche Verwaltung müssen wir uns leisten?

Die öffentliche Verwaltung bzw. die öffentlichen Verwaltungen sind als Einrichtungen verfassungsrechtlich gewährleistet, ihr bzw. ihnen sind verschiedene Planungs-, Vollzugs-, Leistungs- und Entwicklungsaufgaben zugewiesen.

---

waltung gestalten – Orientierungen für die Praxis, Düsseldorf 1997-99; erg. Karlheinz Sonntag (Hsg.): Personalentwicklung in Organisationen, Göttingen usw. 1992
Die Entwicklungsfähigkeit von Organisationen zu sichern, ist ein ständiger Prozess. Die Organisation selbst ist also lernfähig, offen und flexibel auszulegen – was wiederum entsprechende Qualifikationen der Mitarbeiterinnen und Mitarbeiter, Bewährungsmöglichkeiten und Gestaltungsmöglichkeiten für diese verlangt. Rolf Wunderer, Kontingente Organisationsentwicklung in der öffentlichen Verwaltung, in: Verwaltungs-Archiv, 73. Bd., A.3 (1982), S. 273-291; zu verschiedenen Ansätzen der Innovation in Organisationen vgl. Frank Heideloff/Tobias Radel, Innovation in Organisationen, in: Frank Heideloff/Tobias Radel (Hsg.): Organisation von Innovation, 2. Aufl., München 1998, S. 7-39. Ein Veränderungsoptimismus ist allerdings nicht immer gerechtfertigt, vgl. Rudolf Wimmer, Wider den Veränderungsoptimismus. Zu den Möglichkeiten und Grenzen einer radikalen Transformation von Organisationen, in: Soziale Systeme 5 (1999), H. 1, S. 159-180.

194 Stefan Kühl, a.a.O., insbes. S. 58ff. , S. 188ff.

195 Hierzu Erik Nagel, Verwaltung anders denken, Baden-Baden 2002; Rudolf Fisch, Organisationskultur von Behörden, in: Klaus König (Hsg.), a.a.O., S. 449ff.

196 Stefan Liebig, Gerechtigkeit in Organisationen, in: Jutta Allmendinger/Thomas Hinz (Hsg.), S. 151-187; s.a. dies. Perspektiven der Organisationssoziologie, in: dies., a.a.O., S. 9ff.

Sie haben im und für das politische System neben ihrer Aufgabe des unmittelbaren Gesetzesvollzugs eine Problemwahrnehmungs- und Bearbeitungsfunktion. Sie erfüllen eine Grund- und eine Metafunktion. Insbesondere aus letzteren Gründen unterliegen sie einer gewissen Bestandsgarantie. Mögen im einzelnen vielfältige Organisationstypen und Arbeitsmodelle zur Erledigung der Aufgaben realisierbar sein, so bedeutet die Bestandsgarantie, dass öffentliche Verwaltungen immer in der Lage sein müssen, jederzeit ihre Funktionen und Aufgaben auch in neuen Politikfeldern verantwortlich zu erfüllen.

Der Sinn öffentlicher Verwaltung bzw. öffentlicher Verwaltungen liegt weniger in der Produktion verschiedener Güter – dies können im allgemeinen auch Privatunternehmen, gegebenenfalls bei einer Gewährleistungskontrolle durch öffentliche Verwaltungen –, sondern liegt in der Art und Weise der Problemwahrnehmung und -bearbeitung, liegt in ihrer Strukturierung und Integration von Gesellschaft, in der Zuordnung gesellschaftlicher Erwartungen und in der Innovation.

Die Frage der Qualität von Produktionsprozessen ist deshalb viel weniger eine betriebswirtschaftliche als eine staatspolitische. Und es sind gerade die weichen, nicht unmittelbar in Kosten bezifferbaren Leistungen, welche die politisch-gesellschaftliche Funktion öffentlicher Verwaltungen ausmachen, in welchen ihr ungemein wichtiger Beitrag zur Stabilität und Entwicklungsfähigkeit des Landes und seiner politischen Kultur liegt. Mögliche oder notwendige Organisationsformen bestimmen sich aus der Art der Aufgaben und aus der Art der Verantwortung, welche eine öffentliche Verwaltung in der Aufgabenwahrnehmung praktizieren muss.

Für die Ausgestaltung öffentlicher Verwaltungen liefern Lehrmeinungen der Betriebswirtschafts- und Managementlehre, Konzepte des New Public Management und des Neuen Steuerungsmodells (NSM) diskussionswerte Bausteine, mehr aber nicht. Eine effiziente Verwaltung ist nicht notwendigerweise eine effektive, eine schlanke Verwaltung und ein schlanker Staat sind nicht unbedingt auch politisch stabilisierend, sozial integrativ und gesellschaftlich innovativ[197]. Eine „billige“ Verwaltung ist im allgemeinen kontraproduktiv, da sie bürokratisch fixiert und nicht (selbst) entwicklungsfähig ist.

Es bedarf einer flexiblen Verwaltung – nur diese ist in der Lage, die immer neuen notwendigen Anpassungsprozesse an gesellschaftliche Entwicklungen nachzu-vollziehen und angemessen auf neue Problemlagen zu reagieren.

Es bedarf einer souveränen Verwaltung, dies nicht im Sinne von herrschaftsmächtig, sondern von qualifiziert, reaktionsfähig, innovativ, verantwortungsbewusst, eigenständig.

---

197 Zu Entwicklungstendenzen Markus Göbel/Guido Lauen, Die Modernisierung der modernen Verwaltung, in: Die Verwaltung 2002, H.2, S. 263-280 m.w.N.

Es bedarf einer kenntnisreichen Verwaltung, und dies erfordert nicht nur Aufgaben- und Haushaltskenntnisse, sondern vor allem auch Organisations- und Gestaltungskenntnisse, Kommunikationsfähigkeit, Problemwahrnehmungs- und bearbeitungsfähigkeit. Öffentliche Verwaltungen müssen steuerungsfähig sein, sowohl politisch als auch betrieblich-administrativ.

Es bedarf einer rechtsstaatlich gebundenen Verwaltung, um Willkür zu vermeiden, Verständlichkeit und Nachprüfbarkeit ihrer Maßnahmen zu sichern[198].

Schwierigkeiten der Realisierung einer solchen Verwaltung ergeben sich vor allem daraus, dass die Grundfunktionen juristisch definierbar, die Metafunktionen zwar beschreibbar, aber rechtlich nur indirekt zu steuern sind. Sie bestimmen sich situativ, politisch-funktional[199].

Zweckmäßig erscheint – und künftig zu erwarten ist – ein „geteiltes" Verwaltungssystem:

Einerseits ein Flächennetz öffentlicher Verwaltungen, IuK-technisch gebunden und „betrieben" für Grundaufgaben (e-government) – welche nicht identisch sind mit sogenannten Kernaufgaben – und deren Erledigung öffentliche Verwaltungen selbst vornehmen oder vermitteln und gewährleisten. Öffentliche Verwaltungen vernetzen sich mit öffentlichen Unternehmen, privaten Unternehmen und Public-Private-Partnerships. Molekularverwaltungen bilden einen Konzern Stadt/Gemeinde.

Andererseits eine „Systemverwaltung" oder „Qualitätsverwaltung", kommunikativ und kreativ als Bewahrerin des allgemeinwohlorientierten Öffentlichen und seiner Gestaltung. Diese hat flächendeckend-zentriert zu sein, bestimmt durch klare Aufgabenzuweisungen entsprechend den verschiedenen Politikfeldern und ist in der Lage, neuartige Probleme zu diagnostizieren und einer Bearbeitung zuzuführen. Sie ist eine Art „Entwicklungshelfer", responsiv und innovativ, sie ist „Ombudsman", Moderator und Organisator und ist „Auffanginstanz". Ihr entsprechen Bürgerkommune, Regionalvereinigung und Landesgesellschaft.

Die Veränderung öffentlicher Verwaltungen vollzieht sich aus den Verwaltungen selbst, sie bedarf aber der politischen Unterstützung[200].

---

198 Sommermann weist auf eine Marginalisierung des Rechtsstaats in der Verwaltungsmodernisierung hin, näher hierzu Karl-Peter Sommermann, a.a.O., S. 97ff.

199 Einiger dieser Aspekte werden im Programm „Moderner Staat – Moderne Verwaltung" aufgenommen und mit dem Begriff bzw. dem theoretischen Ansatz des Governance umschrieben, vgl. näher hierzu Werner Jann, Der Wandel verwaltungspolitischer Leitbilder: Von Management zu Governance? In: Klaus König (Hsg.), a.a.O., S. 294ff.

200 Hier stehen unterschiedliche Steuerungsmechanismen zur Verfügung: die normative Steuerung über Gesetz, Organisation, über das Personal und über das Haushaltsrecht und die Haushaltskontrolle, hierzu näher Gunnar Folke Schuppert, Verwaltungswissenschaft, a.a.O., S. 461ff. , S. 544ff. , S. 628ff. , S. 698ff.